『制度型开放理论与实践研究』丛书

主编 赵蓓文 副主编 胡晓鹏

全球化视野下中国新零售发展报告

数字经济系列研究课题组 著

上海社会科学院出版社
SHANGHAI ACADEMY OF SOCIAL SCIENCES PRESS

“制度型开放理论与实践研究”丛书
编委会名录

目 录

图目录

表格目录

引 论

在过剩经济条件下，零售业的重要性源自终端消费市场对经济运行的约束力，虽然新零售因互联网技术快速发展而生，但它以经济活动"黏合剂"的方式深刻改造了经济运行的规则。一方面，它通过重塑供应商、零售商和消费者的关系，在满足"符合需求、个性化定制和大规模生产"目标的同时，创造了一条线上线下经济一体化的通道，实现了生产制造与商业服务的深度融合；另一方面，它还通过包括提高消费便利化和主观体验感在内的消费者选择权价值提升，扩大了潜在消费意愿、优化了消费结构，并通过创新交易模式(如拼团、社区直购、直播购物等)提升了消费者主权，在利益共享的前提下完成了供需冲突向供需合作的华丽转变。

客观而言，数字技术不但是驱动线上新零售行业发展的关键因素，而且也为线下传统零售业的转型发展带来了机遇。从经济学意义上讲，数字技术对线下零售和线上零售的发展具有互补效应，只不过这种互补发展更加侧重线上零售。然而，新冠疫情暴发却通过要素流动频率的暂时性急剧下降，在线上零售和线下零售之间催生强烈的替代效应，即在抑制线下零售增长的同时，更大地促进了线上零售规模扩张。对此，国家统计局数据显示，2016—2019 年，中国社会消费品零售总额由 332 316 亿元增长至 411 649 亿元，年平均增长率高达 8.2%。2020 年，受新冠疫情冲击，减少至 391 981 亿元，五年来零售额增速首次出现负值，同比增长率为−4.8%。与此同时，2020 年中国网络零售规模却高达 117 601 亿元，占比上升至 30%。

伴随着线上零售规模的快速扩张，各种新的商业模式、商业业态层出不穷，消费者感受到互联网购物的极大便利，却很少思考新零售本质及其经济功能问题，而这些问题恰恰是关系到新零售是否能够健康持续发展、是否有利于促进国民经济转型发展的根本性问题。同时，不少零售商家使出浑身解数一味"吸粉"，甚至为了做大"流量"不惜违背商业规则和伦理道德，脱离"人、场、货"的商业策略加速驱使新零售商家朝着"为卖货而卖货"的方向前进，规模急速扩张之下新零售发展质量堪忧，导致"互联网脱实、商业模式重利"的气息越发浓重，如资本炒作、虚假宣传、无序引流等。在我们看来，理解新零售就需要弄清楚数字化转型的经济本质和数字化商业模式创新的战略要义两个基础问题。

第一,关于数字化转型的经济本质。数字化转型至少可以从技术和思维两个层面理解。从技术层面讲,数字化是一种供给手段,它可以改变信息的传播和提供方式,促进销售渠道扁平化,推动更有效率的供给;数字化也是一种需求手段,它通过“技术创新—消费者偏好—需求扩张”的传统路径,实现需求的更好满足;数字化还是一种分配手段,通过平台汇集的“众消”能力,可以提升消费者主权力量,为消费者参与生产者剩余的分配提供了可能。从思维层面讲,数字化是一种生产思维,更是一种创新思维。一方面,大数据可以推动与需求相匹配的生产变革,带来供求一体化的生产革命;另一方面,数字化将重新改变不同经济主体和经济活动的联系,通过经济活动的跨界发展,改造和调和“消费者、制造商、销售商、供应商、平台商”多主体的天然矛盾,促使产、供、销、求以及线上、线下经济的一体化发展。

第二,关于数字化商业模式创新的战略要义。在数字化技术和思维的驱动下,正在兴起的大数据、云计算、移动互联、平台和 AI 等新兴(技术)产业与企业的充分融合将从根本上改变商业模式的运行状态,并集中体现在交换方式、消费方式、生产方式和分配方式四大环节,进而带来业态模式、运行机制、服务内容以及监管规则等多个方面的变化,这就是新零售商业模式的根本含义。在这里,我们重点探讨新零售商业模式的创新,关注新技术、新业态和新模式的发展,既要将互联网思维贯穿于新零售商业模式创新全过程,又要判断、分析它在畅通国民经济循环中的作用,并以此超越新零售止于“卖货”的商业层次。

基于上述理解,本报告将新零售定义为“市场主体面向终端消费者,以互联网技术为手段,以数字平台为载体,实现线上、线下全面融合,生产、流通、销售等全产业链重塑,货物流、资金流与信息流协同运行的商业活动”。这就是说,新零售虽然离不开互联网技术和数字平台,但它终将蜕变成一个真正能够给国民经济、行业和消费者都带来深度改变的存在,它不应该仅仅是一个平台,还应该是一个真正意义上能够完成“生产—分配—流通—消费”的链接者,也是实现“产业链协作、供应链协同、创新链共享、价值链共创”的推动者。

实践中,由于各国经济发展水平、人口规模、法规制度、数字基础设施等方面存在显著差异,其零售业发展状况也各不相同。新冠疫情暴发前,2019 年中国零售业总规模达 5.3 万亿美元,基本与美国持平(5.5 万亿美元),但新零售业的增速领先于其他国家。具体来看,2019 年中国在全球电商零售和社交零售规模中所占比重分别达 53.6%和 67.9%,成为全球新零售的“领头羊”,该年中国电商零售和社交网络零售规模分别达 1.8 万亿美元和 1.4 万亿美元,同比增长 25.9%和 28.3%,较 2013 年均提高了约 25 个百分点。同期,美国电商零售和社交网络零售规模分别达 6 016.5 亿美元和 2 496.9 亿美元,同比分别增长 14.9%和 22.6%。日本和德国的新零售发展比较滞后,截至 2019 年底,日本电商及社交网络零售额分别达 1 234.5 亿美元及 558 亿美元,同比增长 6%和 8.9%,占其零售总额的比重分别是 9.3%和4.2%,较 2013 年均提高 4 个百分点左右。德国电商及社交网络零售额分别达 794.7 亿美元及 319.5 亿美元,同比增长 10.3%和 14.6%,占其零售总额的比重分别达 8.9%和 3.6%,较 2013 年均提高约 3 个百分点。

新冠疫情暴发后,各国新零售都出现了规模扩张。2020 年,中国网络零售规模高达 117 601 亿元,占比上升至 30%,较 2019 年提高了 5 个百分点。同年,美国网络零售额 7 917 亿美元,约为中国的 56%;网络零售额增长 32.4%,增速比中国高 17.6 个百分点。与美国情况相近,日本和德国也都出现快速增长。面对各国新零售规模的急剧扩张,我们既要采取有力的刺激政策保持中国新零售的发展势头,更要警惕快速扩张中已经出现的问题,必须让其回归到健康发展的轨道上来。目前来看,除了线上零售不规范操作、疫情引致供应链中断、直播乱象丛生以及经营主体责权模糊等需要加强行业规制管理的问题以外,新零售商业模式在经营过程中也面临理念和操作难题:一是以用户思维运营转型困难。如,线下零售数字化用户成本居高不下;线上零售同质化竞争严重,客户体验升级困难;新技术快速更迭,模式复制扩张困难等。二是数字化转型融合困难。如,消费场景单一、管理过程分散低效,全渠道的一体化融合受运营能力和新技术的门槛限制。三是提升与全生命周期相匹配的综合运营能力困难。如,生产运营的投入与产出不平衡;全供应链和消费者的协同连接不够。四是物流的数字化建设困难。如,很多时候还存在物流基础设施建设技术、数据协同等自然门槛限制;“最后一公里”瓶颈突出,末端物流双向服务的低水平很难改善,等等。

在我们看来,依托于移动支付、数字化管理等新技术的发展,传统零售和电商的运营体系需要向满足“以消费者为核心、去中心化的全渠道运营、深度参与产品全生命周期,以及物流供应链数字化”转型的新要求。这就需要精准施策,反思“利润与流量短视”“技术和渠道短视”等问题的后果及其他应该关注的重大问题，紧紧围绕新零售“如何扩大并创造更大的需求”“如何打造供求一体的精确生产体系”“如何营造互惠互利的共赢商业圈”等具体任务发力。

未来一个阶段，中国新零售行业面对的是更为不确定的内外部环境，也面临供应链重整、数字化发展、行业创新迭代等因素共同叠加的新发展机遇。此种情形之下，新零售需要从前期“跑马圈地”的规模扩张与市场增量拓展的快速发展阶段，逐渐进入注重发展质量与行业规范的成熟发展新阶段。阶段变换的过程中，需要对新零售行业在战略功能、经营模式、技术创新等重要领域加大支持力度和创新程度，以实现该行业稳健发展，并充分激发新零售在中国双循环新发展格局构建中的重要作用。具体来说，在战略层面，新零售行业需要在战略定位上形成对双循环新发展格局的战略响应，以平台功能作用的发挥，推动新零售成为扩大内需、深化供给侧改革以及联通中国经济高质量发展的重要抓手，提升对产业链、供应链升级的牵引和带动作用。在经营层面，新零售行业需要注重“全体验、全渠道、全品类、全时段”四类发展模式的建构，以差异化有序竞争提升行业经营模式的创新程度，促进更高水平服务在技术层面的发展，新零售行业应抓住互联网、大数据等领域科技发展的机遇，全力实现行业发展与通信、虚拟增强现实、人工智能、物流等关键技术的有机互动，并在数据融合、物流升级、数据信息安全等行业发展的关键领域提升技术应用能力与创新水平，促进行业的良性、安全、可持续发展。

总的来说，面对蓬勃发展的新零售行业，我们要加大对发展实践的关注并及时采取有效应对措施，既要把促进新零售行业高质量发展作为一项战略任务来抓——其重点是要协调好政府规制和市场激励、商业模式创新和实体经济联动、企业盈利和行业功能等关系，彻底改变“互联网脱实、商业模式重利”的行业困局，也要把发展新零售作为扭转“内需不振、外需疲弱、制造低效、服务无力”问题的手段，激发新零售更好服务中国宏观经济转型和高质量发展的作用。

第一章
新零售的理论界定:源头与真相

零售业是国民经济的基础性行业,在以“国内大循环为主体、国内国际双循环相互促进”的新发展格局下,加快零售业转型升级对“培育完整内需体系,建设强大国内市场”有着巨大的牵引作用。自2016年10月“新零售”概念首次提出以来,“新零售”已走过了五年的创新实践,其间既有成功的探索,也有失败的教训。但本报告认为,“新零售”之“新”,仅仅是一个相对的历史概念,所谓的成功或失败并不存在一个固定的模式。因此,对“新零售”的认识与解构必须将其置于零售活动发展演化的历史进程之中,追本溯源,才能透过纷繁复杂的表象看清“新零售”的本质,更加准确地理解“新零售”的过去、现在与未来,从而更好地指导实践发展。

第一节　现代零售业的演化与发展

从第一家百货商店的诞生到购物中心模式的大规模复制,从电子商务的迅速渗透再到今天“新零售”的蓬勃发展,现代零售业经过一百六十多年的发展演化,呈现出今天实体零售与电商零售相互促进、多种业态相互融合的复杂局面。然而,这并不是零售业发展演化的终点,随着数字技术的飞速发展,零售业的未来形态充满了无限想象。现代零售业的发展演化伴随着人类社会从工业经济向数字经济的深刻转变,因此,现代零售业的每次转型过程都蕴含着不同的动力机制,都呈现出不同的外在形态。

本书对“新零售”的研究首先从零售业发展演化的历史脉络入手,通过对零售业进化过程的系统梳理,更加准确地理解“新零售”的来龙去脉,并在此基础上对“新零售”的概念界定、演化机制进行更加深入的理论抽象。根据零售业发展演化的组织形态与技术支撑,可以将现代零售业的发展演化划分为三种形态:

第一种是实体零售形态,主要表现为实体零售破除体制束缚,新的组织形态不断涌现。

第二种是网络零售形态，主要表现为电子商务快速兴起，以互联网平台技术为支撑，网店规模迅速扩张，网络零售成为零售业的主流业态之一。

第三种是线上线下互促的融合形态，主要表现为实体零售商与网络零售商由渠道竞争转向互促融合发展。

上述三种形态的划分在时间上既存在承启关系，也存在一定时期的重叠交错。

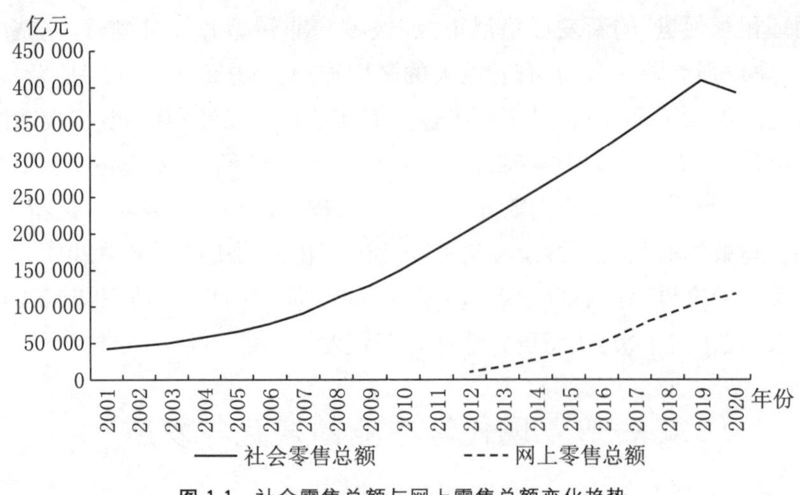

图 1-1 社会零售总额与网上零售总额变化趋势

• 资料来源：国家统计局。

一、第一种形态演化：实体零售从蓬勃发展到被迫转型

实体零售在中国经历了从竞争抑制到加速成长再到转型调整的特殊发展历程。从中华人民共和国成立初期到经济体制改革之前，中国的实体零售主要以农村的供销合作社与城市的国营百货商店为主。在短缺经济背景下，零售市场表现为典型的卖方市场，业态结构相当稳定。改革开放后，一方面，社会主义市场经济体制不断完善，从生产端到销售端，束缚实体零售自由竞争的流通、管理等制度障碍逐渐破除，尤其是 2004 年中国零售市场对外资全面开放以来，内外资零售业竞争加剧，超级市场、购物中心、仓储商店、折扣商店等新业态大量涌现，零售市场规模加速扩张；另一方面，随着生产技术的快速发展，商品制造业能级显著提高，零售市场的商品品类得到极大丰富，居民有效需求充分释放。

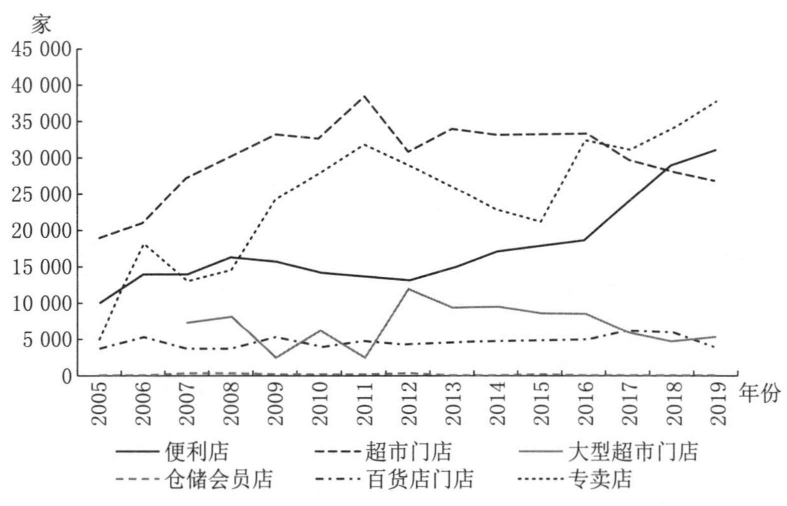

图 1-2 实体零售门店数目变化趋势(按业态划分)

• 资料来源:国家统计局。

这一时期,国内实体零售业取得长足发展,零售市场主导业态逐步完成从百货商店到超级市场,再到连锁经营的数轮成功转型。然而,由于零售业进入门槛相对较低,激烈的市场竞争与高企的商务成本不断挤压零售企业利润空间,电子商务的日益兴起逐渐蚕食实体零售市场份额,实体零售业遭遇重大危机,甚至一度出现"零售之死"①的言论。生存危机倒逼实体零售业加快模式创新,提高供应链管理水平。总的来说,实体零售的创新转型主要表现为以下三个特征:

第一,门店规模呈现两极分化趋势。一方面,大型商业综合体在资本扩张带动下大规模扩张,传统商超百货加速向复合型购物中心、跨域奥特莱斯转型;另一方面,便利店、精品店等小型门店也在城市迅速铺开,充分迎合消费者个性化、便利化的购物需求。

第二,实体零售初试数字化转型。一方面,零售商开始对实体门店进行数字化改造,并引入系统管理软件提高运行效率;另一方面他们也通过自建电商平台或借助第三方数字平台,开展多渠道营销活动。②

第三,零售服务由单纯的零售功能向"零售+平台服务"的复合功能拓

① Hortaçsu, A., Syverson, C., The Ongoing Evolution of US Retail: A Format Tug-of-war[J]. The Journal of Economic Perspectives, 2015.29(4):89-112.

② 中华人民共和国商务部. 2017—2018 中国百货零售业发展报告[R]. 2018:5-6.

展。相应地,零售商的赢利模式也由传统的"购销差价"转变为"购销差价+通道费"的多元化模式,其中购销差价通过陈列费、销售返点等形式部分转化为通道费。[①]

二、第二种形态演化:网络零售从迅速扩张到流量瓶颈

随着中国进入电子数据交换时代,电子商务在中国悄然起步,经过20世纪90年代末至21世纪初近十年的发展酝酿,以企业对企业(B2B)、企业对个人(B2C)为主的电商模式初现雏形。这一阶段网络零售的创新没有固定模式,主要包括零售商自营网站、门户网站电商与电商综合平台等[②],代表性企业有曾经风靡一时的8848、易趣,也有后来迅速发展壮大的阿里巴巴、京东、携程等互联网企业。

进入21世纪,尤其是2005年以后,随着互联网迅速普及,以及平台技术、移动支付、物流服务等基础设施日益完善,中国互联网人口红利得到充分释放,网络零售呈现爆发性增长。然而,随着行业竞争的日益加剧以及中国互联网人口红利的逐渐消失,流量扩张到达瓶颈期,网络零售市场逐渐趋于饱和,网络零售交易规模年增速在2014年下降到50%左右,之后除在2017年出现小幅增长外,网络零售增速一直呈下降趋势。

在这一演化过程中,网络零售进入全面创新阶段。一是商业模式创新层出不穷,2008年起,B2C、C2C企业数量逐渐超越B2B企业数量,B2C、C2C模式开始成为电商主流模式。同时,主打生活服务的O2O模式,聚焦团购信息的平台网站开始广泛兴起。二是电商生态逐渐形成,电子商务产业链分工进一步细化。电子支付、电商物流、信息技术服务、信用服务以及衍生服务等电商服务细分行业发展迅速。根据《中国电子商务报告2019》数据显示,全国2019年电子商务服务业营收额同比增长27.2%,远高于国家2019年服务业的增速17.8%。三是网络零售市场集中度日益提高,形成寡头垄断格局。有研究报告显示,按商品交易总额(GMV)计算,2019年网络零售B2C市场中排名前三位的分别是天猫、京东、拼多多,GMV占比分

① 李飞,胡赛全,詹正茂.零售通道费形成机理——基于中国市场情境的多业态、多案例研究[J].中国工业经济,2013(03):124-136.

② 中央财经大学中国互联网经济研究院.2019年中国电子商务发展历程报告[EB/OL].(2019-06-19).https://www.sohu.com/a/321615390_100195796.

别为 50.1%、26.51%、12.8%。①

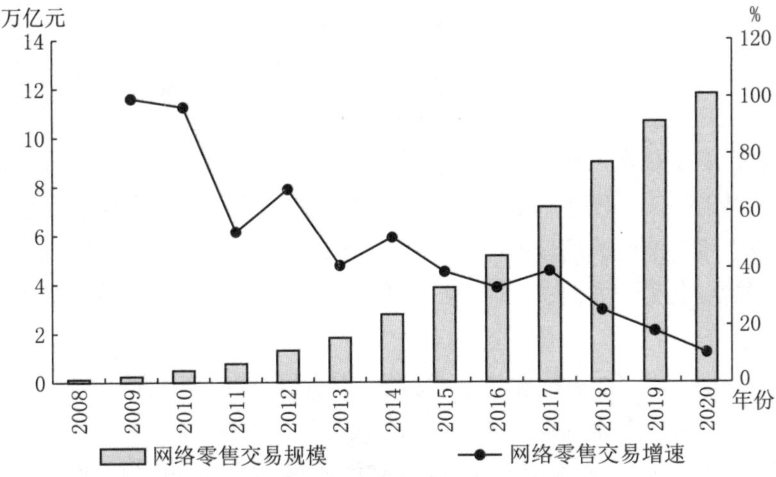

图 1-3　中国网络零售规模及增速变化趋势

• 资料来源:商务部电子商务和信息化司.中国电子商务报告(2013)[R/OL].[2014-09-23]. dzsws.mofcom.gov.cn/article/ztxx/ndbg/201409120140900740745.shtml;商务部电子商务和信息化司.中国电子商务报告(2020)[R/OL].[2021-09-05]. dzsws.mofcom.gov.cn/article/ztxx/ndbg/202109120210319956.shtml。

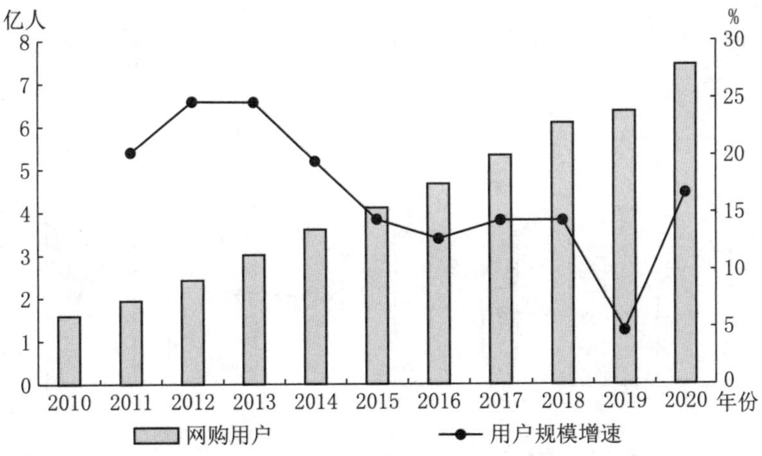

图 1-4　中国网购用户规模及增速

• 资料来源:中国网信网.第 45 次中国互联网络发展状况统计报告[R/OL].[2020-04-28]. www.cac.gov.cn/2020-04/27/c_1589535470378587.htm;中国网信网.第 47 次中国互联网络发展状况统计报告[R/OL].[2021-02-03]. www.cac.gov.cn/2021-02/03/c_1613923423079314.htm?ivk_sa=1025883i。其中 2019 年、2020 年网购用户规模分别为 2019 年 6 月、2020 年 6 月统计数据。

① 网经社电子商务研究中心.2019 年度中国网络零售市场数据监测报告[EB/OL].[2020-06-19]. https://www.sohu.com/a/402887722_120491808.

三、第三种形态演化:实体零售与网络零售的融合发展

网络零售经过十余年的高速扩张,市场容量渐趋饱和,零售业发展面临新一轮增长瓶颈。然而,数字技术迅速发展的客观基础与居民消费需求转型升级的主观愿望也为新一轮零售业的发展变革孕育新机遇。

首先,数字技术飞速发展重塑零售业底层基础设施。一方面,5G网络、传感设备、智能终端等硬件基础设施的完善使移动互联的触角延伸到经济生活的方方面面,零售消费的场景由传统的"租赁柜台+商业地产"或电商平台走向更加广泛的空间;另一方面,智能算法、虚拟现实技术等软基础设施不断升级,提高了供应链运行效率、降低了购销双方交易摩擦、改善了消费者购物体验。零售基础设施的数字化、智能化进一步打破零售活动的时空限制,消除线上线下竞争壁垒,为重塑零售业三大核心要素"人、货、场"提供了重要的技术支撑。

其次,居民收入水平持续提高带来消费转型升级的迫切需求。"十三五"期间,中国居民人均可支配收入从2016年的2.38万元增长到2020年的3.22万元,中等收入群体规模由2010年的1亿多人增加到2019年的4亿多人,[①]预计到2024年,中等收入群体规模将至少达5.6亿人。[②]人均收

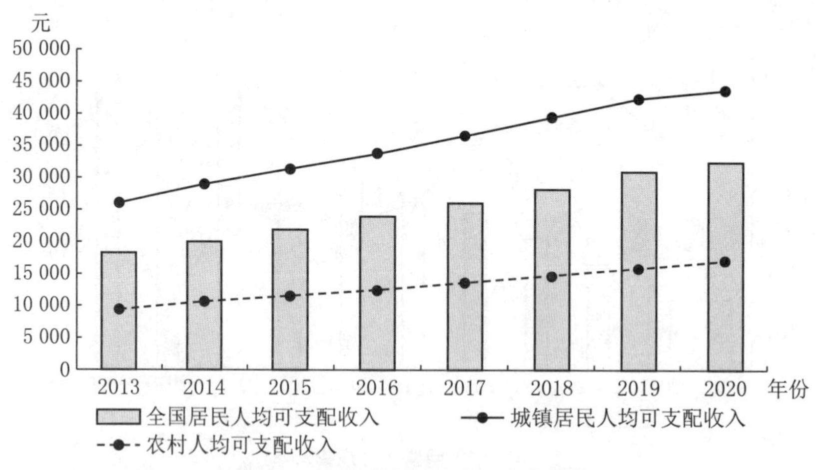

图1-5 中国人均可支配收入变化趋势

• 资料来源:国家统计局。

① 科技日报.从1亿多人增至4亿多人!十年间中等收入群体规模扩大[EB/OL].(2020-10-30). https://www.sohu.com/a/428322282_162758.

② 国务院发展研究中心宏观经济研究部."十四五"时期经济社会发展的十大趋势[EB/OL].(2021-01-19). https://www.fx361.com/page/2021/0119/7489826.shtml.

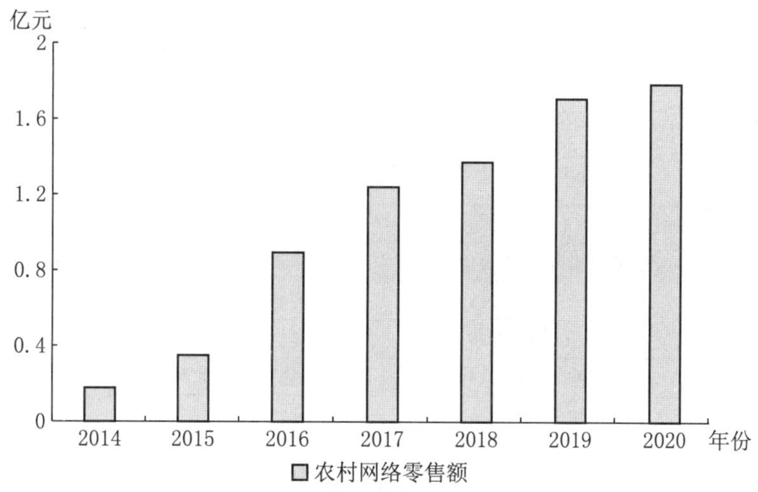

图 1-6 农村网络零售额变动趋势

• 资料来源:商务部电子商务和信息化司.中国电子商务报告(2018)[R/OL].[2019-05-30]. dzsws.mofcom.gov.cn/article/ztxx/ndbg/201905/20190502868244.shtml;商务部电子商务和信息化司.中国电子商务报告(2020)[R/OL].[2021-09-15]. dzsws.mofcom.gov.cn/article/ztxx/ndbg/202109/20210903199156.shtml。

入水平的提高,尤其是中等收入群体规模的扩张改变了人们对消费的认知,消费者对商品的期待从最基本的使用功能逐渐拓展到产品品质、购物体验、售后服务等多个层面,对商品或服务的个性化需求进一步增强。此外,农村人均可支配收入的逐年提升与物流、移动支付等网络零售基础设施的不断完善,进一步打破对农村网络消费需求的客观限制,农村电商市场成为零售市场的新增长极,为专注于下沉市场的新型电商提供了巨大的成长空间,由此可见,新一轮零售业的模式创新与变革呼之欲出。

最后,新冠疫情全球大流行成为加速零售业变革的重要外生因素。一方面,疫情重塑居民消费模式。为保持必要社交距离,网络购物、线上教育、视频会议等线上活动逐渐成为人们的常态化选择,疫情背景下,“宅经济”成为逆势上扬的新亮点。另一方面,疫情防控常态化加速零售供应链整体数字化转型。消费环境的外生变化倒逼零售企业提高供应链管理能力,加速数字化转型由销售端向物流端、采购端等全链条延伸,从而提升零售供应链整体运行效率。具体而言,新冠疫情之下,新零售的发展正呈现出新的变化:

一是网络零售与实体零售开始由渠道竞争转向互促发展。一方面,电商平台积极布局线下实体零售,以阿里、京东、腾讯为代表的国内电商巨头通过收购、战略投资、战略合作等方式积极抢占线下场景入口;另一方面,线下实体零售积极拥抱互联网新生态，在探索多业态融合的同时，通过“社群＋线下实体”“直播＋线下实体”等多种方式，实现线上线下有机融合，带动门店销量提升。

表 1-1 国内主要电商平台收购线下实体商业情况

阿里巴巴		京东		苏宁易购	
收购时间	收购线下实体	收购时间	收购线下实体	收购时间	收购线下实体
2014 年 7 月	银泰	2018 年 1 月	万达商业	2018 年 4 月	迪亚中国
2015 年 8 月	苏宁	2019 年 4 月	五星电器	2019 年 2 月	万达百货
2016 年 11 月	三江购物	2019 年 7 月	迪信通	2019 年 6 月	家乐福
2018 年 1 月	高鑫零售	2019 年 8 月	生活无忧	—	—
2018 年 3 月	居然之家	2020 年 5 月	国美零售	—	—
2019 年 5 月	红星美凯龙	—	—	—	—

• 资料来源：根据各公司年报及网络信息整理。

二是跨界融合成为零售新风向。零售品类层面，医药健康、食品生鲜等非传统电商零售品类成为网络零售新蓝海，2014 年前后，生鲜电商发展开始提速，出现前置仓、O2O 平台、社区团购等多种模式。2020 年在新冠疫情影响下，生鲜电商异军突起。物理形态层面，零售空间与健康、时尚等多元消费空间有机融合，购物中心、百货商超等传统实体零售的空间形态从最初的功能组合向多业态融合、多元化体验转变。比如，综合性购物中心在提供各类商品的同时，也能为消费者提供休闲、娱乐、亲子等多种业态的消费体验。价值理念层面，商业零售与文化、艺术等人文体验跨界联结。实体购物中心更加注重打造场景化购物空间，满足消费者娱乐化、社交化等多元化精神需求。

三是社交电商新模式异军突起。利用社交平台或电商平台的社交功能，将用户分享、人际互动等社交元素融入电子商务的购买服务中，成为零售商或平台企业突破流量瓶颈的新手段。2016 年，蘑菇街视频直播上线，淘宝、京东均推出直播业务，2018 年，抖音、快手等短视频社交平台也相继进入直播电商领域。《第 47 次中国互联网络发展状况统计报告》显示，截至 2020 年 12 月，中国网络直播用户规模达 6.17 亿，电商直播用户规模为 3.88 亿，其中购买过商品的用户占比达 66.2%。2020 年在新冠疫情影响下，社区团购规模及渗透率迅速提升，互联网巨头与零售企业加速布局社区拼团领域。据凯度咨询预测，2021 年社区团购的市场规模将超过 1 200 亿元。

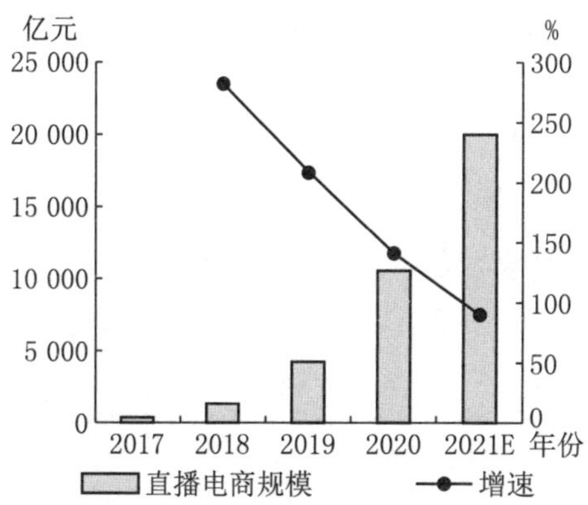

图 1-7　直播电商规模与增速

• 资料来源:前瞻产业研究院.2021 年中国直播电商行业市场现状与发展趋势分析 行业规模突破万亿元[EB/OL].(2021-01-29). https://www.qianzhan.com/analyst/detail/220121 0129-86573170.html。

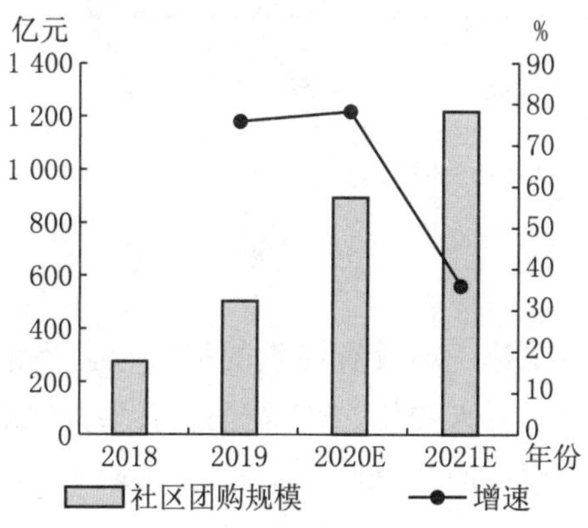

图 1-8　社区团购规模与增速

• 资料来源:澎湃新闻.社区团购潮|互联网巨头"买菜生意":快速打开下沉市场[EB/OL].(2020-12-15). finance.sina.com.cn/tech/2020-12-15/doc-iiznctke6679054.shtml。

四是跨境电商零售迅速增长。在跨境电商 B2C 模式兴起以前,跨境零售主要是通过 B2B2C 的多环节链状模式进行的,交易成本高、发展速度慢。随着国家对外开放水平不断提升,以及信息流、资金流和商品流的跨境流通便利化, B2C 模式的跨境电商零售开始暴发。为推动跨境电商的规范化发展,2018 年国家密集出台一系列关于跨境电商零售的政策文件,2021 年经国务院同意,跨境电商零售进口试点扩大至所有自贸试验区、综合报税区、跨境电商综试区等试点城市,"网购保税+线下自提"的零售模式有望在更大范围复制推广。根据《中国电子商务报告 2019》,中国跨境电商零售进出口总额已由 2015 年的 360.2 亿元增加到 2019 年的 1 862.1 亿元。

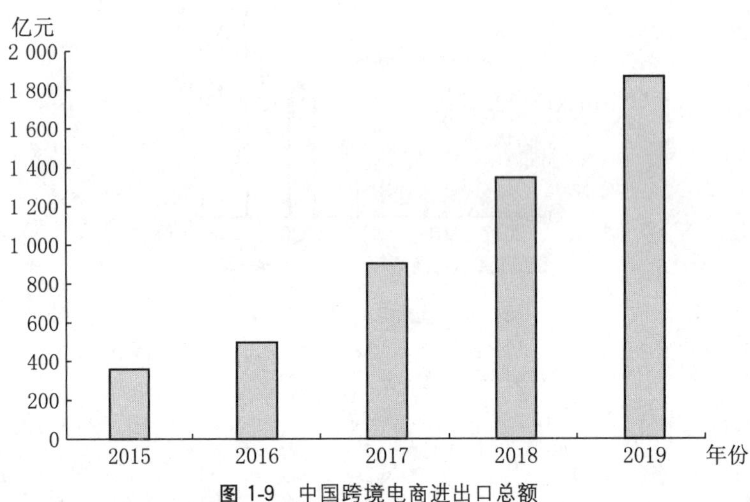

图 1-9 中国跨境电商进出口总额

• 资料来源:商务部电子商务和信息化司.中国电子商务报告(2019)[R/OL]. [2020-07-02]. dzsws.mofcom.gov.cn/article/ztxx/ndbg/202007/20200702979478.shtml。

四、零售业的未来

零售业的发展演化是一场没有终点的马拉松。当前,技术创新与模式创新已给零售业带来了巨大变化,未来在消费转型升级的逆向拉动下,必将有更多的零售新品类应运而生,进而带动线上与线下、生产与流通的全方位变革。

表 1-2 塑造中国消费未来的七大消费群体及特征

消费群体	基 本 特 征
新城镇居民	生活水平随新型城镇化得到改善,购买力实现跨越式增长
银发族	中国经济高速发展中成长起来的第一代人,有较高的医疗保健、运动健身、休闲娱乐需求
小城市消费大军	购房目标容易实现,生活成本较低,有较高的可支配收入
健康为上者	愿意花高价购买优质健康产品,享受无接触配送服务
保护地球者	“为环保做贡献”成为共同消费习惯,青睐践行环保理念的品牌
体验为王者	精通科技,期待个性化体验,将购物作为终极社交娱乐活动
自信消费者	乐于展示自己,利用自己日益增长的经济和社会实力对品牌发号施令

• 资料来源:安永.中国消费者的七张面孔[R/OL]. [2021-05-06]. https://www.yicai.com/news/101041629.html。

表 1-3　中国互联网与电子商务不同发展阶段

中国互联网发展阶段	第一阶段:门户网站和搜索引擎时期	第二阶段:从搜索引擎向社交网络拓展	第三阶段:从 PC 互联网向移动互联网转变	第四阶段:万物互联阶段
国内互联网代表企业及事件	1997 年网易成立 1998 年搜狐网、新浪网、腾讯、京东公司等成立 1999 年阿里巴巴集团成立 2000 年百度成立 ……	2002 年博客网成立 2009 年 SNS 社交网活跃,以开心网、人人网等平台为代表 ……	2011 年微博迅猛发展 2012 年手机网民规模首次超过台式机 2012 年微信朋友圈上线 2012 年字节跳动成立 2013 年喜马拉雅手机客户端上线……	2016 年阿里成立达摩院 2019 年 5G 正式商用 ……
电子商务发展阶段	1.0:电子商务起步阶段	2.0:电商平台分化阶段	3.0:线上、线下全面融合阶段	4.0:智慧零售阶段
国内零售行业代表企业及事件	1998 年京东公司等成立 1999 年阿里巴巴集团成立 1999 年当当网正式开通 ……	2003 年淘宝网上线 2009 年淘宝商城(天猫)首届“双十一”网络促销启动 2010 年美团网成立 2013 年小红书成立 2014 年跨境网购常态化 2015 年拼多多成立 2015 年美团与大众点评合并 ……	2013 年苏宁首次线上线下同价 2016 年盒马鲜生首家门店落地金桥 2016 年超级物种成立 2017 年百联 RISO 开业 2017 年叮咚买菜上线 2019 年拼多多跻身中国第四大互联网公司 ……	2017 年深兰科技正式发布三款 TakeGo 无人智能零售店 2017 年阿里犀牛智造工厂启动 ……

• 资料来源:作者根据相关文献媒体资料整理。

表 1-4　中国电子商务不同发展阶段及特征

1.0:起步阶段	2.0:分化阶段	3.0:线上、线下全面融合	4.0:智慧零售
• 零售业务线上化转型 • 电子商务与实体零售此消彼长 • 平台经济成为重要特征 • 线上商品是线下商品的简单复制	• 需求拉动全产业链数字化转型 • 协同消费优于私人占有,“共享模式”兴起 • 社交零售开始兴起,产品与内容深度融合 • 平台经济向细分市场延伸,下沉市场成为新蓝海 • 电子商务对实体零售产生较大冲击 • 线上、线下商品差异化 • 流量变现能力较强	• 以消费者体验为中心 • 线上、线下“全渠道”融合,跨界合作、多元经营成为新趋势 • 传播网络逐渐“去中心”化 • 物流体系逐渐“去中心”化 • 社交零售进入爆发期 • 精准推送、个性化营销效率大幅提升 • 电商平台内容化,内容平台电商化 • 定制化生产成为新趋势	• 人工智能贯穿消费全流程 • 零售“场”无处不在 • “人人”零售成为现实 • 流通损耗无限逼近于零

• 资料来源:根据相关文献及媒体资料整理。

第二节 新零售的理论界定与基本特征

“新零售”的概念自2016年被首次提出以来,已历时五年的发展。纷繁复杂、日新月异的模式创新不断演绎着零售业的时代之变。此起彼伏、优胜劣汰的商业竞争也不断纠正着人们对市场规律的认知误区。无论是从零售商的转型创新还是从业界的概念炒作来看,人们对“新零售”的认知在短短五年时间里也由最初的盲目追捧走向理性回归之路。毫无疑问,数字技术加持下商业创新远远走在学术研究之前。所以,本报告对新零售的解读试图跳出单纯的商业实践范畴,结合业界与学术界已有的研究成果,对新零售进行客观全面的理论界定,并以此为基础,归纳出零售业在当前发展阶段的新特征及其背后蕴含的特殊演变规律。

一、“新零售”的理论界定

“新零售”这一概念源于数字时代快速迭代创新的商业实践,经济社会的快速发展必然不断赋予其新的表现形式。为全面理解“新零售”之新特征,准确把握“新零售”之发展演化规律,我们必须对“新零售”进行理论抽象,并给予“新零售”以清晰的理论界定。

表1-5 代表性企业关于“新零售”的主要观点

代表性企业	主要特征或代表性观点
阿里巴巴	“人人零售”:以消费者体验为中心的数据驱动的泛零售形态
京东	“无界零售”:通过开放、共生、互生、再生的理念开展产业布局,积极向“零售+零售基础设施的服务商”转型
苏宁易购	“智慧零售”:“线上重塑线下,线下反哺线上”;“围绕零售价值,苏宁的资源链接与合作是没有边界的”
	“共情消费”:用户与平台场景之间的“共情力”是电商平台的关键能力,通过特定节点,创造个性化消费场景,与消费者建立新型可持续关系
小米	“用电子商务的观念、技术、方法论来帮助实体的零售业提升效率”
国美	“共享零售”:“社交+商务+利益共享”的商业模式
快手	“信任电商”:直播电商2.0时代,实现从“商品+公域”思维到“内容+私域”思维转变。通过培育“极致信任”的心智,沉淀千亿私域粉丝,打造高能级生态合作伙伴
抖音	“兴趣电商”:激发式购物,利用算法精准推荐,主动帮助消费者发现潜在需求

• 资料来源:根据阿里研究院《C时代新零售——阿里研究院新零售研究报告》及其他媒体资料整理。

表 1-6 国内外学者关于新零售的代表性观点

国内外学者	代表性观点
Neslin et al.(2006)	“多渠道客户管理”,强调企业通过渠道的设计、部署、协调和评估提高客户价值。为更有效地管理多渠道环境,企业必须完成数据集成、理解消费者行为、渠道评估、跨渠道资源分配、渠道战略协调五个主要挑战
Ailawadi & Farris(2017)	“全渠道零售”着重于整合渠道内部和跨渠道商业活动以适应消费者的购物方式。其中包含供应商的分销渠道与营销人员的沟通渠道
苏东风(2017)	创造更多购物价值的“新价值”、促进零售生态圈融合协同的“新协同”、为业态革新提供技术支撑的“新技术”
赵树梅(2017)	应用互联网的先进思想和技术,对传统零售方式加以改良和创新,用最新的理念和思维作为指导,将货物和服务出售给最终消费者的所有活动
杜睿云、王宝义(2020)	狭义“新零售”是线上线下与物流协同的典型商业模式,广义上则是以消费者体验为中心,强调渠道协同和效率提升的“数智化”“低熵化”以及“矩阵化”零售生态服务体系
赖宏波(2020)	“新零售”不仅仅是从美学或者消费者生活化场景来重新定义零售,也是对人性更深入的洞察和展望,是更具有人性关怀性质的生活方式,从而带来一场新的商业模式创造与革命

• 资料来源:根据相关文献整理。

基于大量创新案例并结合现有研究文献,报告从理论研究的视角将“新零售”定义为:市场主体面向终端消费者,以互联网技术为手段,以数字平台为载体,实现线上线下全面融合,生产、流通、销售等全产业链重塑,货物流、资金流与信息流协同运行的商业活动。我们根据零售主体类别,可将新零售进一步划分为狭义新零售与广义新零售两个层面。狭义新零售的销售主体主要包括传统实体零售商、传统电商平台、社交电商平台以及无店铺零售等。而广义新零售除了包含狭义新零售的范畴,还包括以下几种情形:一是无明确雇佣关系的个体行为,比如二手买卖平台、地摊经济等模式;二是数

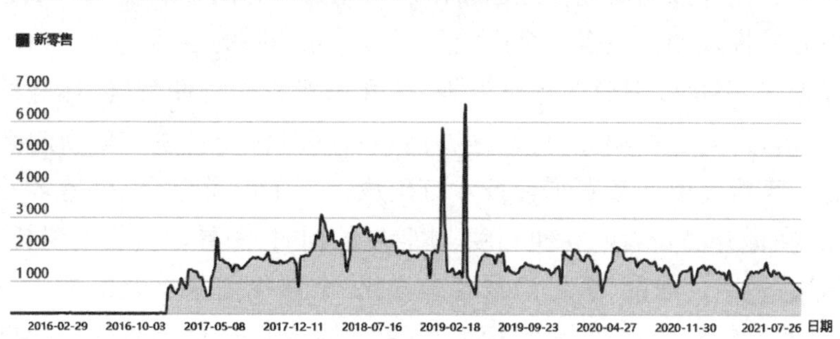

图 1-10 “新零售”搜索趋势百度指数

• 资料来源:百度指数.关键词“新零售”搜索指数[EB/OL].[2022-05-02]. https//index.baidu.com/v2/main/index.html#/trend/%E6%96%B0%E9%9B%B6%E5%94%AE?words=%E6%96%B0%E9%9B%B6%E5%94%AE。

• 算法说明:以网民在百度的搜索量为数据基础,以关键词为统计对象,科学分析并计算出各个关键词在百度网页搜索中搜索频次的加权。

字化制造商或是经数字化转型分化出零售功能的制造商，比如小米、阿里“犀牛工厂”、海澜之家等。

从百度指数关键词搜索趋势来看，“新零售”的概念自2016年被提出以来，一直保持着较高的热度，并于2019年达到峰值，此后关于“新零售”的搜索热度较前期开始呈现缓慢下降，这一趋势从侧面反映出零售业迭代更新的速度之快。零售业是一个叠加与迭代相结合的行业，一种新业态的出现并不会完全取代传统的组织形式，因此，新零售之“新”只是一个相对的概念，很难在“新”与“旧”之间划出清晰的界限。但从行业研究的角度，我们对“新”的理解仍然能在零售形式的发展变化中找到规律性的识别标准，即新的经营理念、新的运营模式、新的组织架构、新的管理工具，以及由此带来的新的消费体验、新的企业效率、新的社会价值。

二、“新零售”的基本特征

数字经济时代，零售业的模式创新异彩纷呈，无论是传统电商平台、实体零售商，还是创业型互联网企业都在激烈的市场竞争中寻找利润最大化的现实路径。但当前任何零售模式的实践都根植于数字经济的时代背景，任何零售模式的创新都必须符合数字经济背景下的价值创造规律。因此，纷繁复杂的零售之变背后必然蕴含着共同的行业特征。

（一）模式创新回归以人为中心

零售业的发展史本质上是“消费识别”的变革史。[①]数字时代的消费者既扮演着价值传递者的角色，也承担着价值创造者的职责。分配侧消费者主权的显著提升推动商业模式创新由以产品为中心回归到以人为中心。以人为中心的模式创新包含三个由浅入深且相互关联的层面。

首先，数字化改造商业基础设施，提升消费者购物便利度、体验度。商品搜索、远程体验、移动支付、快递物流是数字时代零售模式创新的必要基础设施。零售商依托数字平台技术打破线上线下渠道壁垒，打造多元化购物场景，在提升消费者购物便利度、体验度的同时，引导消费者发现新需求。

其次，数字化赋能，满足消费者多样化、个性化需求。无论是传统电商平台，还是新崛起的社群电商、短视频网站，都是依托自有或其他社交平台上既有的数据资源、大数据技术，精准发掘、对接消费者目标需求或潜在需

① 虎嗅网.零售到底有没有新旧之分？[EB/OL].（2017-09-21）. https://www.huxiu.com/article/215683.html.

求，以消费者选择权最大公约的精准生产，实现规模化与个性化、多样化的有效统一。

最后，注重价值互动，为用户提供可靠稳定的情感归属。互联网经济是基于人的经济，相应的，“关系”经营也成为数字时代商业活动的核心。零售商通过叙事方式向目标客户展现与生活方式相关的品牌故事，为用户提供情感归属。以产品为消费者聚合入口，通过消费者与消费者之间的分享交流、销售者与消费者之间的互动反馈，稳定社群关系，充分释放协同共享红利。

（二）零售活动边界日益弱化

多业态融合、多功能集聚使零售业的组织形态与产业布局发生重大变化，零售活动的价值增量越来越倚重于以平台为载体的零售生态构建。

从横向来看，零售活动与餐饮、媒体、家装、旅游等多种业态的边界逐渐弱化。零售商通过搭建场景式购物空间，为消费者提供全新的一站式购物体验。这一融合共生的购物模式不仅能够充分利用不同业态之间的外溢效应，实现整体坪效提升，而且能够引导消费者发现潜在需求，打造差异化竞争优势。

从纵向来看，零售产业链日趋扁平化，零售活动逐渐向分销、物流、支付甚至研发设计等上下游环节延伸。以淘宝、京东为代表的传统零售商凭借先发优势纷纷布局短视频、支付、物流等多种零售服务领域，以顺丰速运、字节跳动为代表的相关领域服务商或运营商在细分领域获得一定竞争优势后，纷纷开始跨界进入电商领域。随着零售边界的弱化，零售活动不再是传统社会再生产链条上孤立的末端环节，而是一个以销售活动为中心的全方位生态体系，最大限度实现各要素之间的价值协同，成为牵引零售业发展变革的重要力量。

（三）供求关系由竞争对立走向协同互促

零供关系（零售商与生产商）与零消关系（零售商与消费者）是零售活动中两类主要的供求关系，在以需求为导向的零售之变中，这两类传统经济学中的对立关系逐渐演化为零售商与生产商、零售商与消费者、生产商与消费者之间协同互促的双向循环。三类市场主体之间的双向价值分享成为新零售价值创造的重要来源，数据流与信息流则是这一双向循环的重要载体。

一方面，零售商通过大数据为生产者赋能。新零售是需求导向的逆向生产关系变革，零售商直面消费者，沉淀大量历史交易数据，为生产商改进设计、按需生产提供科学的决策依据。同时零售商以数字平台为载体，有效压缩产品流通环节，大幅提高数据信息传递效率。另一方面，消费者在一定程度上具备“产销合一”[①]的双重功能，生产者、零售商与消费者的边界日益模糊。对生产者与零售商而言，企业依据交互信息的生产销售活动充分满足消费者的个性化需求；对消费者而言，其交易行为产生的有效信息能够有效引导、调节生产销售活动。交互信息使“参与消费的生产者”与“参与生产的消费者”的目标具有一致性，有效促进了供求关系一体化。

（四）行业格局去中心化

虽然传统电商平台凭借数据资源先发优势，长期垄断网络流量入口，但随着互联网行业寡头垄断的竞争格局变化以及大数据、云计算等技术的飞速发展，零售业的行业发展格局已开始呈现去中心的发展趋势，其在制约互联网巨头无限扩张的同时，也为创新型企业开辟新的发展空间，正如拼多多、字节跳动、快手等创新型公司在互联网寡头垄断的缝隙中，凭借模式创新在极短时间内实现爆发式增长。

零售行业发展格局去中心化的实质是流量分配去中心化。相比传统电商平台搜索分发、付费分发等流量分配模式，社群电商、直播电商等零售新模式更倾向于采取社交分发、算法分发等流量分配模式，以社交分发为代表的流量分配模式大大增强个体零售商选择权，削弱平台控制力，丰富零售场景，提升流量转换率。流量分配去中心化通常表现为传播方式的去中心化、碎片化。在消费者购物决策中，传统搜索功能弱化，零售商借助微信公众号、短视频网站等数字平台构筑稳定的社群关系，以互动协同过程引导消费。

流量分配去中心化使大规模生产定制化产品成为可能，这使零售市场细分领域竞争更加激烈。互联网创业公司专注的下沉市场、专业市场等细分领域迅速崛起，传统零售商多元布局、抢占流量入口。零售市场形成分层垄断的特殊结构，虽然从行业大类上看传统零售巨头具有显著的垄断优势，但从行业细分领域来看，竞争格局相对分散，产品形态多样。

第三节 “新零售”的典型模式

新零售商业模式的创新日新月异、纷繁复杂，为准确归纳不同模式创新背后的共性特征，理论界从不同角度对新零售的商业模式进行了分类。比

① Toffler A.. Future Shock, The Third Wave[M]. BANTAM BOOKS, 1981:264-265.

如，王家宝、黄益俊(2018)根据供应链结构将新零售分为平台主导型、供应商主导型与第三方主导型；艾瑞咨询(2018)以垂直品类为切入点，将新零售分为四类新品种，即泛生鲜零售、服装零售、3C新零售[①]、家居生活；王宝义(2019)根据商业模式的创新性将新零售分为存量型新零售与增量型新零售，前者如生鲜、家居、母婴、便利店等新零售，后者如旅游、教育、餐饮、媒体等新零售。陈丽娟、刘蕾(2021)从要素形态功能组合的角度，将新零售分为"场景＋数据""场景＋会员营销""数据＋会员营销"与"场景＋数据＋会员营销"四种类型。虽然研究者分析问题的角度不同，但是新零售的任何创新实践都可以归结为对零售三要素"人、货、场"的组织重构。在新的市场环境下，零售商往往会根据自身的行业类型、用户基础、核心优势，选择不同的转型路径，并在模式创新上各有侧重，比如数字原生企业更侧重于对消费场景的优化重构，传统零售商则更侧重于对货物的数字化赋能，但无论哪种模式的创新，都存在路径上、形态上的交叉重叠，并以最大化消费者选择权价值为终极目标。因此，本报告立足新零售三大核心要素，依据零售商在价值创造与模式重塑中的不同侧重点，将新零售分为三大类别。

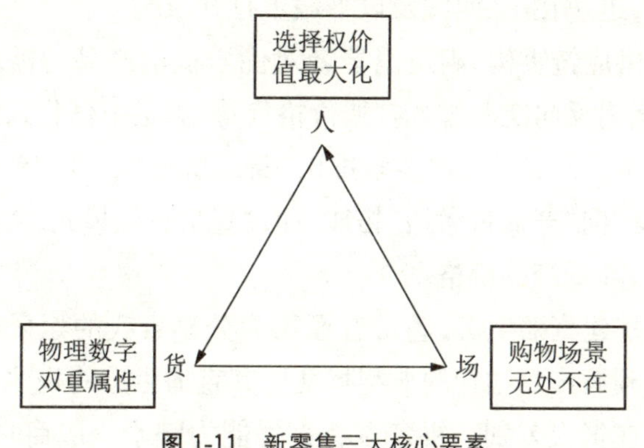

图 1-11　新零售三大核心要素

• 资料来源：作者自制。

一、以"人"为重点的模式创新

随着消费者地位由产品或服务的被动接受者向价值创造的参与者或

① "3C"(computer, comunication, consumer)产品是计算机类、通信类、消费类电子产品的统称，3C新零售是指将此类相关产品放置于同一销售空间，以共同的销售模式和服务方式经营。

主导者转变，零售活动的运行逻辑也相应地由以产品为中心向以服务为中心转变，[①]完善消费者体验度从而提高购买率成为一切零售商转型升级的最终目的。在新零售语境中，以“人”为重点的模式创新本质上是最大化消费者选择价值。其不仅包括为消费者提供产品、交易、环境等层面的选择权，也包含了人对共同价值群体的选择，即所谓的“社群”或“社区”概念。在此以拼多多为例，通过对其营销策略的系统梳理，以期对此类商业模式的创新形成更加具象化的认识。

拼多多作为在互联网巨头寡头垄断格局之下迅速崛起的新型电商，其崛起之路正是紧紧抓住以“人”为重点的模式创新，从“社交＋电商”的团购拼单起步，持续搭建以“人”为核心的平台生态，满足消费者多层次的消费需求、价值需求，成为社交零售的典型代表。

一是利用“熟人经济”或“身边经济”高信任度、强示范性的典型特征，有效放大连接红利。拼多多在起步阶段，一方面借助腾讯旗下社交平台微信实现高效引流，另一方面创新交互界面，用“发起拼单”“点击免费拿”替代“加入购物车”“立即购买”等模式，实现社交裂变，增加“拼小圈”功能模块，实现口碑裂变，迅速在三、四线及以下城市打开市场。

二是通过供应链重构，满足消费者对优质低价产品的需求。拼多多通过渠道创新，运用反向定制模式打造价格优势，满足中低收入群体消费转型升级的迫切需求。2018年，拼多多推出“新品牌计划”，2019年将新品牌计划从“单场扶持”向“产业带激活”拓展，通过直采直供模式，实现上游大规模的定制化生产，降低产品价格。

三是通过搭建直播生态，满足普通用户分享自我的娱乐需求。拼多多低客单价与低利润产品结构的典型特征使其直播生态的构建与综合型电商或直播电商存在很大差别。拼多多将直播能力赋予一般商户与普通用户，通过“店播”“走播”“捡漏拍卖”“秀场”等模式，将直播能力下放给更多普通用户和商家，搭建丰富、充实的内容生态，以贩卖快乐的方式提高普通用户的平台黏性及流量转化率。

---

① 江积海，王若瑾. 新零售业态商业模式中的价值倍增动因及创造机理——永辉超级物种的案例研究[J]. 管理评论，2020，32(8)：325-336.

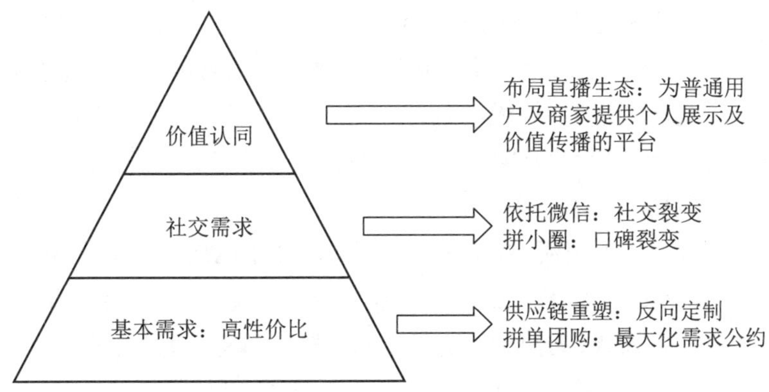

图 1-12　拼多多新零售之以“人”为中心的模式创新

• 资料来源:作者自制。

二、以“场”为重点的模式创新

“场”是零售活动的空间载体,在新零售语境下,“场”不仅是物理世界或网络世界中的空间载体,还蕴含着强大的场景价值。从场景创新的商业实践上看,原生数字型企业与实体零售商各有侧重。前者具有显著的技术优势与较大的用户基础,通过互动式的场景创新,提高线上流量变现能力,借助本地生活服务,拓展线下流量入口是其在场景创新中的重点。比如,内容推送、社群激励、拼团购物等都是传统电商平台借助场景创新促进流量转化的模式探索。与网络零售不同,实体零售具有较强的属地性质,其本质是聚合高频度生活化的功能产品。因此,实体零售商更加注重沉浸式、区域性的场景创新,通过多业态融合或场景化店面设计,为消费者创造多元化、一体化的购物体验。盒马鲜生作为阿里新零售布局的成功案例,在场景创新上具有较强的代表性,因此这里以盒马鲜生为例,对其场景创新的做法进行系统梳理。

表 1-7　电商平台的类型及创新路径

企业类型	代表应用	流量分发模式	主　要　做　法
综合电商	淘宝、京东、苏宁易购	搜索分发	与实体零售商合作,线下引流;孵化新品种;大数据精准推送;增加直播模块;构建平台生态体系;等等
社交电商	微商、拼多多、小红书	社交分发	社交裂变;社群推广;小程序引流;对接生产商、压缩供应链,等等
直播电商	抖音、快手	算法分发	融合内容、社交元素,增加用户黏性;直播＋产业基地、直播＋产业带;等等

• 资料来源:作者根据相关资料整理。

盒马鲜生是阿里集团自营的新零售业态，其通过“超市＋餐饮＋电商”的创新模式，率先打通线上线下购物场景，逐渐从生鲜电商转型为多业态并进的“盒马”式新零售体系，成功构建了触及生活各个层面的购物场景，当然，持续的场景创新背后是阿里强大的数据支撑。盒马在消费场景上的创新实践可以概括为以下三个方面。

一是餐饮为线下引流，线下为线上引流。线下门店对盒马来说，既是流量入口，也是仓配中心，盒马的门店一切布局都是为了线上。线下门店通过“超市＋餐饮”的模式，为消费者提供全新的购物体验，通过与消费者建立信任关系，为线上市场沉淀流量。由此，阿里将实体店与手机 App 完美融合，为用户提供了一个多种交付方式并存、线上线下协调互促的零售新场景。

二是大店带动小店，完善区域细分场景。阿里以供应链为核心，在盒马鲜生的基础上持续孵化出盒马菜市、盒马 F2、盒马 mini、盒马跨境 Go、盒马 X 会员店等多种业态。与盒马鲜生定位于一、二线城市核心商圈不同，盒马菜市定位为社区餐饮，盒马 mini 定位为城市郊区、城镇等下沉市场，盒马 F2 定位为 CBD 写字楼的白领，盒马 X 会员店定位为仓储式购物，线上配送范围覆盖门店周边超过 20 千米，等等，由此织密盒马系新零售的区域布局。

三是培育自有品牌，满足生活细分场景。消费场景的构建不仅体现在渠道融合、门店选址方面，也体现在产品品类与消费者生活场景的契合度上。盒马鲜生相继推出自有品牌“日日鲜”“盒马工坊”“盒马 Max”等自有品

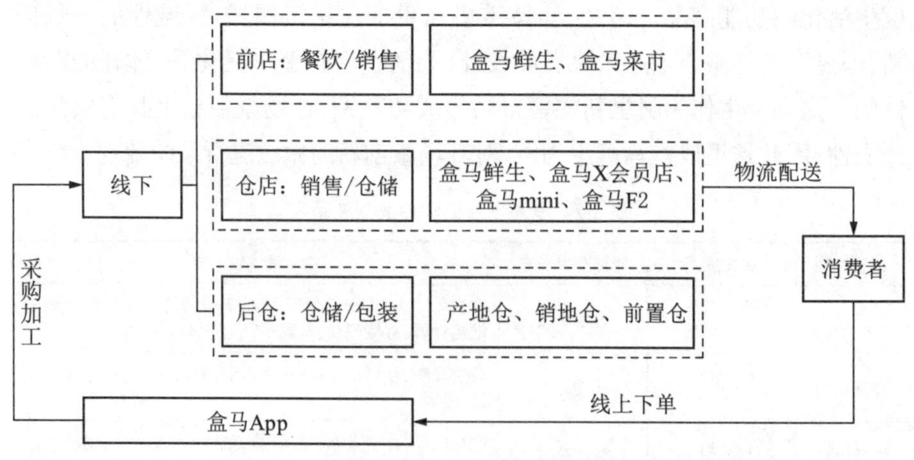

图 1-13 盒马新零售运营模式

• 资料来源：作者自制。

牌,满足消费者不断更新的消费需求。比如,盒马工坊主打鲜食品牌,主要分为熟食、面点、半成品和时令点心四类,并对每类产品都做了进一步细分,有效涵盖消费者一日三餐中的细分生活场景。

三、以“货”为重点的模式创新

“货”是连接消费者与零售商的重要纽带,也是建立共生互促的零消关系的重要基础,因此,围绕“货”的创新成为零售商转型升级的重要内容之一。但随着数字经济的飞速发展,零售活动中的“货”的属性、内涵与边界都发生了深刻改变。

从商品属性来看,零售活动中的“货”具有物理性与数字性的双重属性。物理性体现为产品的使用价值,而数字性则体现为产品的代际价值,具有可传递性、可复制性。一切已售、在售或者被淘汰的产品都以数字形式在网络空间留存,经过数字技术的深度加工,变成支撑企业智慧决策的重要战略资源。从商品的边界来看,零售活动中的“货”不再仅限于让渡了使用价值的产品或服务,一切满足消费者需要的资源通过商业模式的创新都能成为商品。从商品的内涵来看,新零售中的“货”不仅包含商品的特定使用价值,也包含了消费者的情感价值、社群价值、学习价值等多个维度。因此,对商品的个性化、多元化需求将显著增加。在此将以小米在新零售布局中的货品创新为例,来展现数字时代下零售商对产品的创新探索。

众所周知,小米是一家全产业链的原生数字企业,其新零售布局具有显著的互联网思维。从产品创新的角度来分析小米的新零售战略,可以分为以下三个方面:

一是构建强大的产品生态。小米的产品体系有着显著的圈层特征,其核心层是智能手机与手机生态下的互联网服务,小米凭借智能手机的低价策略换取大规模的流量与资本加持,并通过互联网增值服务实现赢利。中间层是“管道式”硬件产品,此类产品以小米智能音箱、智能电视和盒子为代表,具备强大的内外互联能力,能够产生显著的互联网价值增值。最外层是家用电器、家庭设备、智能硬件、生活耗材等产品,成为小米产品生态的重要补充。

二是增加产品的互联网服务附加值。互联网业务是小米“铁人三项”商业模式的重要一环,通过增加互联网服务,小米不仅能够增加硬件用户与电商用户的消费体验,而且能够将硬件体验与电商服务带来的流量变现,获取有效利润。小米的互联网服务高度依赖其手机生态，主要包括互联网广告与增值服务。[①]小米充分利用 MIUI 应用商店、小米电视、智能音箱等硬件与软件载体，创新广告或原生内容载体，以契合自身商业模式。

三是采用漏斗式的精准选品策略。小米依托的是大数据技术创新层层筛选的漏斗式选品策略。第一层是有品电商，其销售的品类与范围最大，不仅包括小米及小米生态的系列产品，也包括第三方产品。在有品电商中销量较好的产品方可进入小米商城。第二层是小米商城，小米商城主要销售小米及小米生态下的系列产品。经过销量、口碑层层筛选的产品可以最终进入线下门店。第三层是小米之家，作为用户可以实地感知体验的线下门店，小米之家销售的品类最少，但这些品类却是最受市场欢迎的。

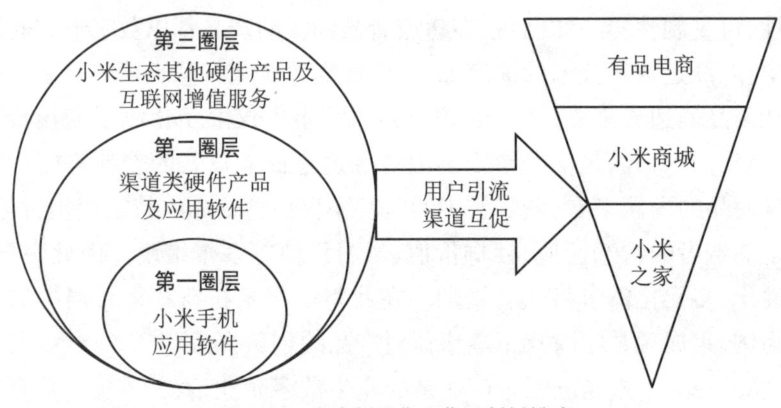

图 1-14　小米新零售之货品创新模式

• 资料来源：作者自制。

第四节　新零售的演化机制

为阐明零售业周期更迭的作用机制，揭示现代零售业的发展演化规律，许多学者从不同角度提出一系列的理论假说，从麦克奈尔的"零售轮转"理论到中西正雄的"新零售之轮"理论，再到利维的"大规模中间市场"理论，人们对零售业发展演化的认识逐渐从周期性的行业规律深入微观层面的成本效用分析中去。

---

① 华尔街见闻.小米深度解读：硬件引流，互联网变现，静待 AIOT 开放生态大格局[EB/OL].(2019-03-14). http://finance.sina.com.cn/roll/2019-03-14/doc-ihsxncvh2544418.shtml.

表 1-8　零售业发展演化理论的代表性观点

代表学者	主　要　观　点
McNair(1958) Hollander(1960)	“零售转轮”理论：零售业的发展演化类似于周期性的旋转车轮的发展过程。新的零售业态往往采取低成本、低价格、低利润的策略进入市场，随着低价策略竞争优势将最终丧失，最终进入高费用、高价格、高利润的状态，同时，新一轮零售业演化又随之兴起
Hollander (1966)	“零售手风琴”理论：零售商产品结构的演化表现为商品组合宽窄相间的、有规律的振荡，比如零售组织由杂货店—专业商店—商超百货—专卖店—购物中心组成的发展演化路径
Davidson、Bates (1976)	生命周期理论：该理论与产品生命周期理论的分析框架相似，其认为零售业态与零售组织的发展演化经历萌芽、成长、成熟和衰落四个阶段
Nakanisi(1996)	“新零售之轮”理论：“真空地带”的形成并非必然，技术革新、零售竞争引致的任何层次的革新都是新业态产生的根本动力
Sethuraman、 Parasuraman (2005)	“大规模中间市场”理论(Big Middle)：该理论从零售市场整体结构出发，刻画不同时期占主导地位的零售业态或零售组织的发展演化路径，并从相对价格与相对服务两个维度解释这一演变原因

• 资料来源：作者整理所得。

随着数字平台模式的迅速普及，以罗歇和梯诺尔为代表的图卢兹学派开启了双边市场理论研究的序幕。虽然，双边市场理论不直接致力于阐明零售业发展演变的动力机制，但其主要的研究对象——平台型互联网企业，正是推动此轮新零售之变的重要领导者，其关于网络外部性、消费者多栖属性以及平台竞争的研究为理解数字时代零售业的发展演化开辟了新的分析视角。纵观国内零售模式的迅速迭代创新，尤其是近年来零售新物种的大规模暴发，虽形式多样但无一例外都遵循着共同的行业演化规律——大数据时代的资源配置规律。这里立足于数据生产要素的特殊性，充分结合国内经济社会发展的客观现实，从此轮新零售之变的逻辑起点、原始动力、加速演化、代际垄断等四个方面系统阐述当前零售业的发展演化机制。

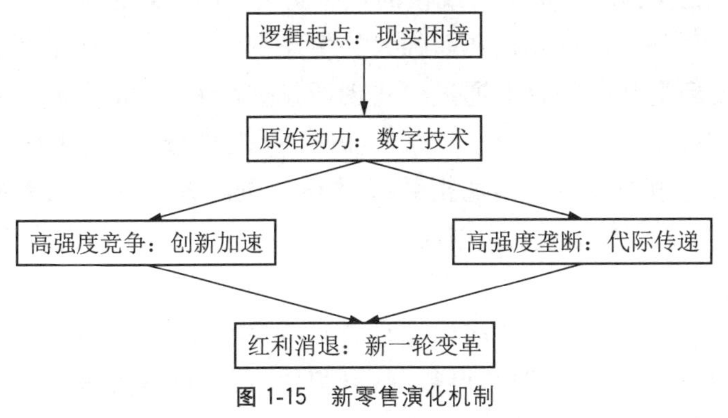

图 1-15　新零售演化机制

• 资料来源：作者自制。

首先,解决传统零售业发展的"难点""痛点"是此轮新零售之变的逻辑起点。网络零售经过近二十年的发展,逐渐弥补了前期零售市场有效供给不足的缺口,零售市场进入供给相对过剩的发展阶段。随着实体零售商务成本高企、网络零售获客难度加大,线上市场与线下市场间的渠道竞争进一步加剧,零售商在存量市场上"相互竞食"的发展模式难以持续。对于传统电商平台而言,亟须丰富平台内容增加用户黏性;对于内容平台而言,在初步完成用户规模与注意力积累的基础上,亟须深度开发用户的商业化价值。因此,深耕存量市场,开辟增量市场,打破当前零售业持续增长的现实困境,成为此轮新零售之变的逻辑起点。

其次,数字技术的飞速发展与深入应用是此轮新零售之变的原动力。毫无疑问,数字技术的进步为商业模式的创新提供了必要的技术支撑,但更为重要的是,数字技术的深入应用推动供求关系发生深刻变化,成为此轮新零售之变的重要原始动力。数字技术提高信息传播效率,压缩渠道分割套利空间,显著提升零售市场消费者主权。消费者主权的提升迫使零售商在既有的技术边界上为消费者提供最优的品质与服务组合,由于商品质量与成本在短期内难以实现突破,围绕消费者购买动机形成、产品搜索、购买、使用等一系列环节,提升消费者选择权价值成为当前零售模式创新的主要内容。

再次,行业竞争是推动零售模式迭代创新的加速器。数字时代的零售业与互联网行业深度融合,零售行业的市场竞争被深刻打上平台竞争的烙印。零售业赢者通吃、强者恒强的竞争格局背后,隐藏着行业的高强度竞争。一方面,数据资源具有可积累性、零边际成本的显著特征,互联网头部企业凭借先发优势,积累了大规模的数据资源,不断实现从一个领域向另一领域的包络进入,由此构建起强大的生态网络,筑牢行业垄断地位。另一方面,创新型互联网企业通过模式创新,充分利用数据资源的可移动性与可复制性,专注长尾需求、个性化需求,深挖细分市场、下沉市场的潜力,在巨头竞争的缝隙中实现指数级成长。在位者与新进入者的激烈竞争倒逼零售商不断加速模式创新,利用数字技术创造多元化消费场景,抢占流量入口。

最后,数字信息的资产增值属性是此轮零售业变革形成代际垄断倾向的重要基础。数字资源是可复制、可积累、可深度开发利用的重要战略资源,其在零售业从"互联网+"向"AI+"转型升级的过程中发挥了重要作用,赋予零售行业周期演化一定的代际垄断特性。以数字平台为主要载体的模式创新使零售市场具有双边市场的典型特征,任何成功的模式创新都必须在双边市场中的任一方率先拥有一定规模的用户基础,而用户基础的实质就是海量历史交易数据、消费者基础信息等多层次数据集合。不难发现,在零售市场中任何创新型互联网公司崛起的背后必然有传统互联网巨头的身影,零售市场的竞争格局一定程度上可以看作互联网巨头之间的派系之争。因此,数字平台的代际垄断倾向远远高于传统行业。

第五节　新零售的经济功能

零售活动是社会再生产实现良性循环与持续壮大的关键环节,也是促进供给侧结构性改革与需求侧管理实现有机结合与动态平衡的重要节点。"新零售"的源起、发展、演化是时代之变的缩影,也是当前培育强大的国内市场、构建新发展格局的战略之需。新零售之变通过逆向牵引供给变革、提高分配效率、激发潜在需求、降低流通成本,带动产业体系数字化转型,畅通国内国际双循环,充分释放经济增长潜力。

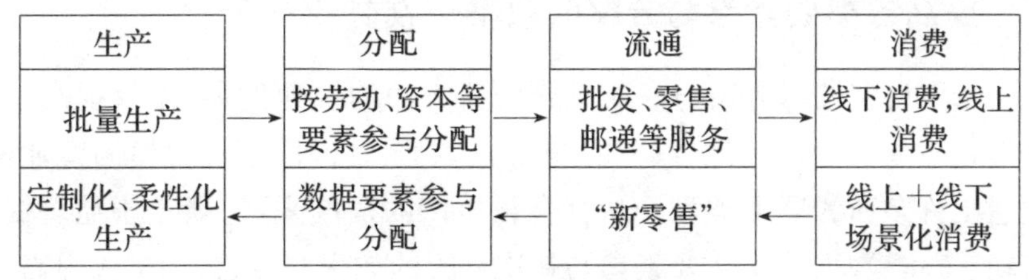

图 1-16　新零售的经济功能

• 资料来源:作者自制。

一、重塑传统供给模式

新零售以数字技术为手段,通过模式创新精准定位即时需求,打破传统零售活动供求脱节的瓶颈制约,通过推拉机制重新塑造传统供给模式,助力打造供求一体的精准生产体系。

第一,终端需求引导生产,逆向拉动零售供应链全链化重构。新零售将广泛栖息于各类网站,和应用程序中的个体数据与散布于购物餐饮、休闲娱乐等活动场景的消费信息归集加工，形成一系列数字化流量入口，向产业链上游传导，成为产业链与供应链上的大数据供应商。数据成为改变传统资源配置方式的关键生产要素，进一步解构传统产业链、供应链组织模式。具体表现为供应链链路的扁平化、专业化。消费者—企业(C2B)、消费者—制造商(C2M)或消费者—零售商—制造商(C2R2M)等需求导向型供应模式解构了传统生产、流通、销售环节的组织模式，中间商全面融入制造或零售环节，产生或分化出专业的第三方营销推广、支付物流服务提供商，供应链形态兼具模块化与一体化的双重特征，提高自身弹性与即时效应水平。

第二，数据支撑决策，推动生产商贴近市场需求。与原生数字企业逆向拉动供应链重构相反，制造商与品牌商在新一轮零售业变革中通过企业数字化转型与组织再造，主动下沉市场，推动产业链、供应链实现自上而下的变革。一方面，传统制造商或品牌商通过自建网络销售渠道，或与数字平台企业进行战略合作，即时获取消费市场最新数据信息，有针对性地进行产品研发创新；另一方面，他们可以基于“数据＋算力＋算法”的智力积累，进行生产线数智化改造，通过生产外包或并行制造的网络化分工转型，打造能适应最小产能的最优生产网络，实现定制化生产的规模经济。

二、提高各类要素参与分配的效率与收益

新零售在技术应用与商业模式创新方面的快速发展，不仅提高了供应链运行效率，降低了零消双方的交易成本，而且提供了大规模的就业岗位，创造出许多新的职业类型。从社会再生产的角度来看，新零售显著提高了劳动、资本、数据等生产要素参与初次分配的效率与收益，为扩大内需、提振消费奠定了重要基础。

第一，新零售有助于降低产品或服务价格。零售商一方面通过深入应用数字技术降低供应链全链化运行成本，另一方面通过模式创新快速向供应链上游渗透，增强对上游供应商的议价能力。电商平台或短视频内容平台利用视频直播的交互性与即时性高效聚合零散消费者，构建各种直播基地，建立产业带体系，不仅能扩大盈利空间，而且能有效降低产品价格，使低价高质的产品或服务组合成为可能，节约的成本与降低的价格在供应商与消费者之间分配并共享，有效提升整体福利水平。

第二，共享模式提高各类要素利用率。从供应端来看，新零售具有模块

化组合和网络化分工的基本特性，这有助于大幅度提高要素使用效率。从需求端来看，通过整合消费者个性化、碎片化的需求，可以显著提高闲散资源的利用率，更好地服务“长尾市场”。更为重要的是，网络共享激活了闲置商品的流转。以二手消费为代表的闲置经济兴起，将更多的消费者吸引到消费内循环体系中来，为加速商品循环流转提供新动力。截至 2020 年 10 月，中国新增工商登记的闲置物品相关企业达 13 万家。①截至 2020 年 12 月，二手电商用户已达 5 266 万。

第三，增加就业机会，创造新的就业岗位。零售业作为服务业的重要组成部分，为社会提供了大规模的就业机会，除了直接吸收电商从业与创业人员外，新零售还有力带动了信息技术、物流、支付等相关服务及支撑行业的人员就业，催生了零工经济的诞生。这种经济业态，不仅就业门槛低，还连锁带动了诸多新的职业类型，比如，直播电商的飞速增长带来主播、助播、场控、策划等新型职业需求。此外，新零售在电商扶贫，增加农民收入方面也发挥了积极的促进作用。

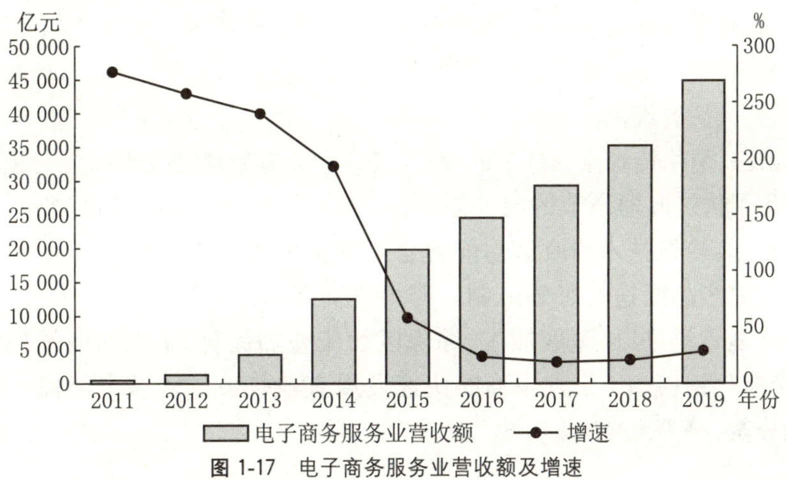

图 1-17　电子商务服务业营收额及增速

• 数据来源：商务部电子商务和信息化司. 中国电子商务报告（2019）[R/OL]. [2020-07-02]. dzsws. mofcom. gov. cn/article/ztxx/ndbg/20200702979478. shtml。

三、提高流通体系运行效率

高效的流通体系作为连接生产与消费的重要环节，承担着畅通国民经济循环，提高国民经济整体运行效率的双重作用。随着批发、零售、物

① 中国互联网络信息中心. 第 47 次中国互联网络发展报告[R]. 2021-02-03.

流等行业组织形态与商业模式的创新发展，流通体系的内涵也逐渐由传统的交通物流、商贸流通向统一市场、金融支撑等领域拓展。从某种意义上，新零售之变可以看作流通体系转型升级的重要内容之一。作为大流通体系的组成部分，零售业全方位的创新变革从三个方面有效提高流通体系运行效率。

第一，推动形成产供销服一体化流通体系。新零售通过逆向拉动供应链全链化重构推动形成供需互促、产销并进、销服联动的一体化流通体系。各类流通主体积极布局数字化转型，创新生产组织方式，消除数据流通障碍，畅通各类要素、商品、货币流通渠道，实现社会再生产各个环节的有序衔接。

第二，有利于构建线上线下统一大市场。新零售的重要创新在于弱化了线上线下市场之间的渠道分割。电子商务的兴起有效消除了商品流通环节的地域分割，新零售在此基础上，通过模式创新进一步打破线上线下之间的渠道壁垒，打破渠道竞争的“竞食”模式，这不仅有利于形成统一规范的国内市场，减少渠道套利空间，激发效率变革，而且通过线下引流、线上消费或线上引流、线下体验的互促模式，可以充分发挥线上市场与线下市场的互补效应，扩大消费规模。

第三，消除传统流通环节的痛点、堵点。新零售通过技术赋能与模式创新弱化了传统流通环节的时空限制，疏通国际国内双循环的重要毛细血管。比如，冷链技术的改善与前置仓等物流模式的创新解决了传统生鲜果蔬等农产品配送的时效限制。跨境电商零售通过“保税＋”模式，充分利用跨境零售进口、深度加工、综保区物流叠加优势，实现面向消费者零售、定制化销售。下沉式电商的快速发展有效打破传统城乡物流体系的二元分割，等等。

四、激发消费市场潜在需求

新零售逆向拉动生产、分配、流通环节的质量提升与效率变革，为进一步提振消费需求，畅通国际国内“双循环”打下坚实基础。然而，从社会再生产的全过程来看，新零售之变的经济功能最终体现在消费环节。新零售通过产品创新、渠道创新、服务创新，最大化消费者选择权价值，为扩大内需创造良好的消费环境。

第一，新零售通过产品创新，促进消费转型升级。“货”是新零售三大核心要素之一，也是直面消费者，满足消费转型升级的必要条件。新零售对产品创新的促进作用以数据与算法为驱动，涵盖产品的全生命周期。具体表现为直面市场需求，赋能消费者选择权最大公约的精准生产，丰富产品品类，满足细分市场的长尾需求，为消费者提供更多选择。

第二，新零售通过渠道创新，全面提高消费普惠性。新零售一方面通过流通渠道创新有效匹配广谱人群，显著提高特定消费群体的边际消费倾向。比如，拼购类下沉式电商有效满足了中低收入群体的消费需求，品牌特卖类电商充分契合了消费者高性价比的消费愿望。另一方面，通过创新传播渠道，充分发挥社交裂变效应，形成较强的消费示范效应，提升商品转化率。比如，视频内容电商通过交互式、娱乐化或专业性的传播方式引导用户发掘潜在消费需求，通过经营微信私域流量池提高转化率，等等。

第三，新零售通过服务创新，培育消费新增长点。服务创新体现在零售业转型发展的方方面面。从零售商的角度来看，服务创新不仅能将商品消费向服务消费延伸，提高产品附加值，还能形成较强的品牌效应，提升企业核心竞争力。从消费者的角度看，零售环节的服务创新不仅能显著提升用户在产品搜索、交易支付、售后服务等方面的便利度，还能引导用户形成新的消费习惯，产生新的消费需求并提高复购率。比如，小米围绕日常生活为用户提供一系列智能家居体验，来为用户提供全生态链产品服务，引导消费升级。

本章小结

新零售之“新”是一个相对的历史概念，本章从零售业的本质出发，通过系统梳理零售业发展演化的历史进程，逐渐明晰“新零售”在零售业发展演化中的历史坐标，并从学术研究的角度对“新零售”进行了理论界定。新零售之新体现在多个方面。本章始终立足于数字技术与数据资产的特殊性质，从商业模式、基本特征、演化机制、经济功能等四个维度对“新零售”的源起与真相展开全面深刻的剖析。本章提到，在数字经济飞速发展的背景下，零售企业在技术进步、行业竞争与渠道竞争等多重因素的推动下，立足“人”“货”“场”三大核心要素，开启了日新月异的模式创新。这些纷繁复杂的模式创新不仅呈现出“无界化”“一体化”“去中心化”的共性特征，而且蕴含着数字时代零售行业演化机制的深刻变化，创新加速与代际传递成为新一轮行业演化的重要表现。同时,零售业作为社会再生产过程的重要环节,“无界化”“一体化”“去中心化”等新的发展趋势也必将通过重塑传统供给模式、提高流通分配效率、激发市场有效需求等经济功能,逆向牵引零售业全产业链的深刻变革,为畅通国内国际双循环发挥重要作用。

第二章
国家间新零售发展比较:分化与差异

根据第一章对新零售的定义,本章将对中国、美国、日本等核心经济体新零售业态的发展规模、发展阶段、商业模式、发展政策进行横向对比和剖析,试图厘清不同经济体新零售发展的分化和差异。

第一节　核心经济体新零售的发展规模

数字技术和移动设备的更新换代颠覆了人们传统的购物及社交方式,在各国催生出电商零售及社交网络零售等新零售业态。然而,各国的消费文化、购物习惯及对新零售业的态度千差万别,新零售在这些国家的适应性存在明显的差异,因而呈现出不同的发展规模。

总体来看,电商零售及社交网络零售等新零售业务快速扩张,并逐步在全球总零售中占据越来越重要的地位。2010 年至 2019 年间,全球电商零售规模从 4 532.2 亿美元稳步攀升至 3.4 万亿美元,电商零售额增速在 2010 年至 2017 年间基本保持在 25%左右的水平,2018 年起增速开始逐步放缓,但 2019 年电商零售额仍较上一年提高约 20%,呈现持续快速增长的态势。在此情况下,电商零售额在总零售额中所占份额也大幅提高,从 2010 年的 3.4%攀升至 2019 年的 13.6%,预计 2024 年更将进一步增长至 21.4%,成为零售业未来发展的主要驱动力。

同时,全球社交网络零售规模也稳步扩大,零售额从 2015 年的 5 490.1 亿美元增长至 2019 年的 2.1 万亿美元。不同于电商零售,社交网络零售额同比增速经历了一个快速下滑的过程,2015 年同比增速高达 69%,但 2019 年同比增幅已下降至 26%,较 2015 年收窄了 43 个百分点,未来社交网络零售额增速将进一步收窄,但收窄速度将逐步趋于平稳。从占比来看,社交网络零售额占总零售额的比重从 2015 年的 2.7%跃升至 2019 年的 8.6%,预计 2024 年将提高至 15.3%。

由数据可知,虽然全球电商零售业务的规模在现在及未来一段时间内仍将持续高于社交网络零售，但社交网络零售额的增长速度在同一时期将总体高于电商零售，并进一步缩小与电商零售额比重的差距，展现出较强的增长潜力。社交网络零售与电商零售作为新零售业务将共同为零售业注入新的活力。

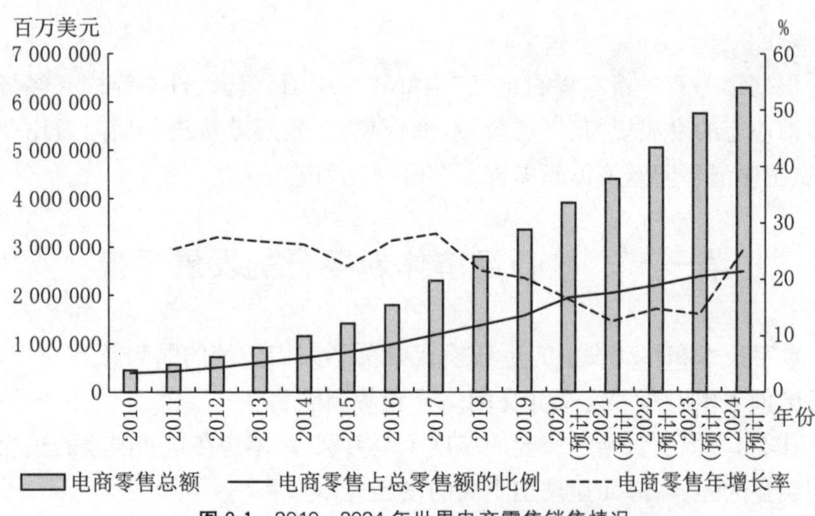

图 2-1　2010—2024 年世界电商零售销售情况

• 资料来源：Ethan Cramer-Flood. China Ecommerce 2020：Despite Decline，China Will Become the World's Largest Retail Market This Year[R]. eMarketer，June 2020。

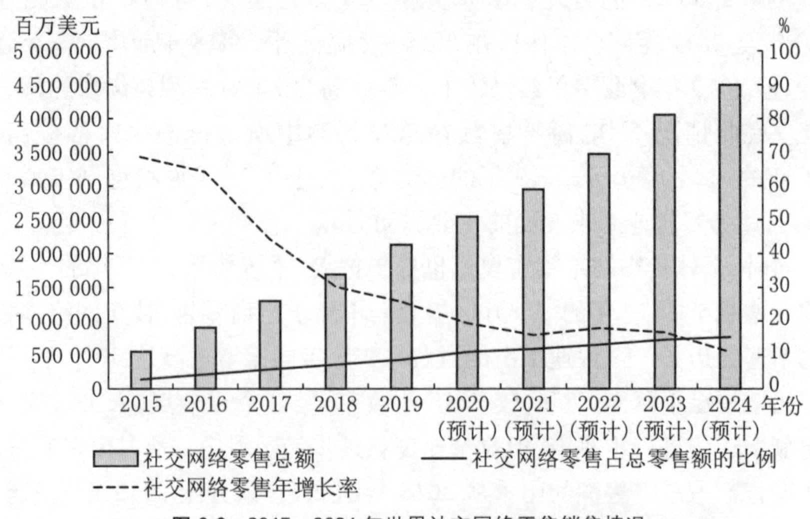

图 2-2　2015—2024 年世界社交网络零售销售情况

• 资料来源：Ethan Cramer-Flood. China Ecommerce 2020：Despite Decline，China Will Become the World's Largest Retail Market This Year[R]. eMarketer，June 2020。

从具体国情来看，由于各国的经济发展水平、人口规模、法规制度、数字基础设施建设情况等方面存在显著差异，其零售业务的发展状况也各不相同。其中，中国零售业增速较快，虽然业务规模基本与美国持平，但新零售业规模的增速领先于其他国家，未来将在全球零售业中占据主要市场份额。美国零售业务保持稳步增长的态势，新零售业务的重要性正快速上升。日本和德国零售业的零售额增长缓慢，新零售的增长速度及在零售总额中的占比均处于较低水平，零售业的数字化转型面临较大困难。

一、中国零售业的发展规模

中国的零售业务发展尤为迅速，其中电商零售和社交网络零售的高速增长发挥了重要作用，展现出中国在新零售领域巨大的上升潜力。2019年，中国的零售业务规模达5.3万亿美元，同比增长7.9%，电商零售和社交网络零售规模分别达1.8亿美元和1.4万亿美元，同比增长25.9%和28.3%，占中国零售总额的比例分别达34.1%和27.4%，较2013年均提高了25个百分点左右。与电商零售相比，社交网络零售的规模相对较小，但增速持续保持较高水平，短期内仍将继续保持追赶态势。

中国拥有全球最为庞大的国内市场，数字化程度也处于世界前列，为新零售业务的发展提供了极为有利的条件。2019年中国在全球电商零售和

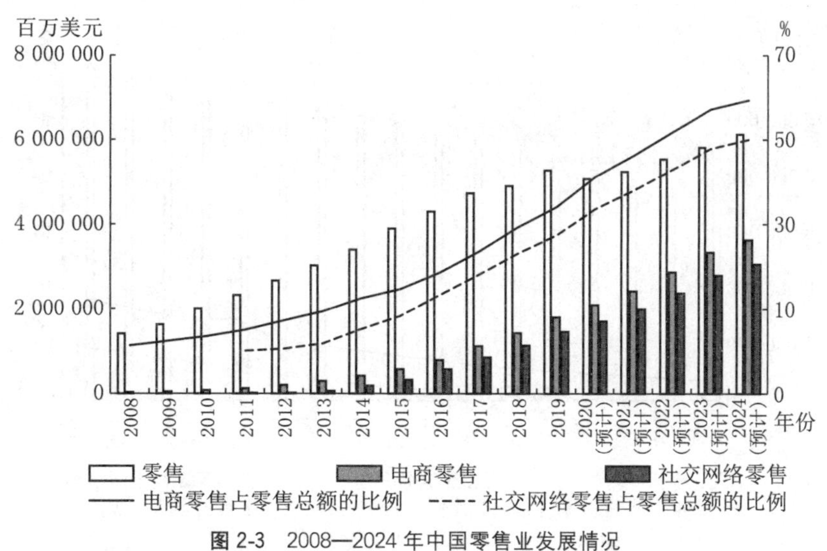

图2-3　2008—2024年中国零售业发展情况

• 资料来源：作者根据Statista数据整理得到。

社交网络零售规模中所占比重分别达 53.6%和 67.9%,成为全球新零售业的领头羊,预计 2024 年将攀升至 57.7%和 68.1%,继续巩固中国在全球新零售市场中不可动摇的地位。未来五年内,中国电商零售和社交网络零售将延续快速扩张的态势,新零售业务会取代传统零售业务在中国的零售业务结构中占据主要地位,推动中国零售业实现弯道超车,在业务规模上达到甚至超过美国的水平,成为全球最大的零售市场。

二、美国零售业的发展规模

美国的零售业务自 2008 年以来就保持较高水平的增长态势,其中电商零售和社交网络零售占零售总额的比例均稳定提升。2019 年,美国的零售业务规模达 5.5 万亿美元,同比增速为 2.8%,其中电商零售和社交网络零售规模分别达 6 016.5 亿美元和 2 496.9 亿美元,同比分别增长 14.9%和 22.6%,占美国零售总额的比例达 11.0%和 4.6%,较 2013 年分别提高 5.2 和 3.6 个百分点。美国社交网络零售的发展程度明显低于电商零售,2019 年其业务规模仅为电商零售规模的 40%左右,但社交网络零售的发展速度显著高于电商零售,在美国仍有较大的发展潜力。与中国相比,美国移动支付业务推行阻力较大,人口密度也相对较低,对新零售业务的发展造成一定阻碍。因此,美国的新零售业务规模相较于中国仍有较大差距,电商零售和社交网络零售的规模仅为中国的 33.4%和 17.3%,同比增速也低于中国。

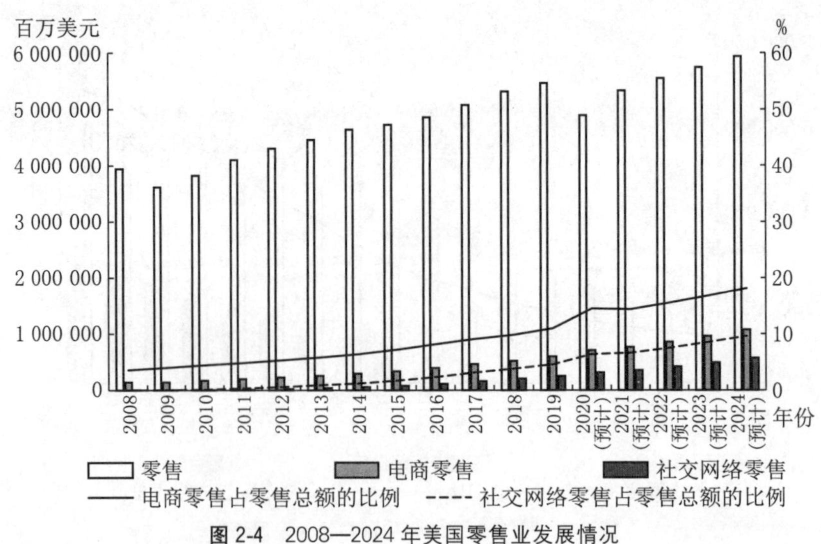

图 2-4 2008—2024 年美国零售业发展情况

• 资料来源:作者根据 Statista 数据整理得到。

美国的数字技术水平处于领先地位，互联网普及度和消费者收入也相对较高，为新零售业务提供了适宜的发展环境。2019 年美国在全球电商零售和社交网络零售规模中所占比重分别达 17.9%和 11.7%，成为仅次于中国的第二大新零售市场，预计 2024 年比重将达到 17.1%和 12.7%，继续维持当前的地位。未来几年内，美国电商零售和社交网络零售的业务规模将继续保持稳定上升的空间，新零售业务正在不断蚕食传统业务的市场份额。然而，美国消费者对更为成熟的传统零售业务仍有较高的依赖性，新零售的业务规模在短期内仍无法超越传统零售业务。

三、日本和德国零售业的发展规模

日本和德国的零售业务整体呈现低速增长态势，2019 年其零售额分别达 1.3 万亿美元及 0.90 亿美元，同比仅分别增长 0.1%和 3.3%。与中、美两国相比，日本和德国的零售业在规模和增速上均不占据优势地位。从零售业务的结构来看，传统零售业务在日本和德国仍占据了主导地位，电商零售和社交网络零售等新型零售业务在两国的起步较晚，发展也相对缓慢。截至 2019 年底，日本电商及社交网络零售额分别达 1 234.5 亿美元及 558 亿美元，同比分析增长 6%和 8.9%，占其零售总额的比重分别达 9.3%和 4.2%，较 2013 年均提高 4 个百分点左右。德国电商及社交网络零售额分别达 794.7 亿美元及 319.5 亿美元，同比增长 10.3%和 14.6%，占其零售总额的比重分别达 8.9%和 3.6%，较 2013 年均提高 3 个百分点左右。从增速来看，日本和德国的电商零售和社交网络零售增速均高于零售业整体增速，新零售业务在两国均对传统零售造成了一定的冲击。其中，德国的电商零售和社交网络零售增速均略高于日本，展现出更强的发展潜力。2019 年，日本和德国的电商零售规模分别为中国的 6.9%和 4.4%，社交网络零售规模仅分别相当于中国的 3.9%和 2.2%，两国的新零售业务规模与世界领先水平存在巨大的差距。

日本进入老龄化社会，高龄消费者群体对移动支付、网上购物等新兴购物方式接受程度较低，同时难以适应网上聊天、移动社交等交流方式，新零售业务的推广面临阻碍。2019 年，日本在全球电商零售和社交网络零售规模中所占比重分别达 3.7%和 2.6%。德国也受限于欧洲对隐私保护等方面的法规要求不断收紧新零售业务，短期内难以放宽监管约束。2019 年，德国在全球电商零售和社交网络零售规模中所占比重仅占 2.4%和 1.5%。未来几年内，日本电商零售和社交网络零售业可能陷入近乎停滞的状态，德国的电商零售和社交网络零售发展速度将进一步放缓。传统零售业务仍将在这两国的零售业中扮演主要角色。

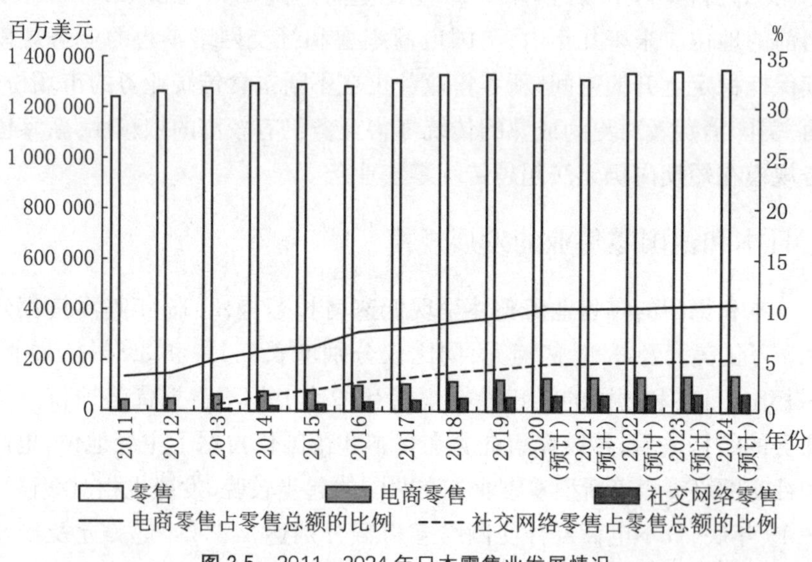

图 2-5　2011—2024 年日本零售业发展情况

• 数据来源：作者根据 Statista 数据整理得到。

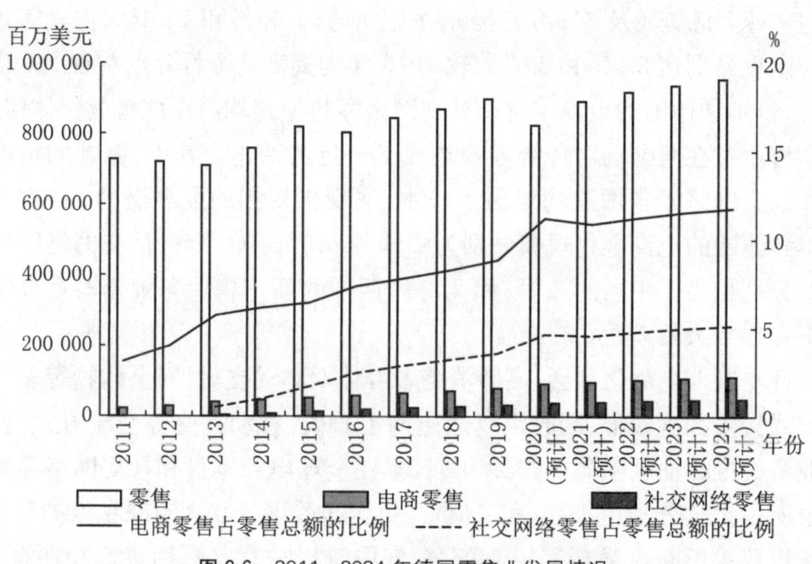

图 2-6　2011—2024 年德国零售业发展情况

• 数据来源：作者根据 Statista 数据整理得到。

第二节　主要国家新零售的发展阶段

各国零售业在各个时期的规模和扩张速度均不相同，这与它们所处的发展阶段有密切的联系。零售业在各个国家长期生存发展，经历了多阶段的演变过程。由于各国的经济、文化、历史及观念等存在明显差异，零售业扎根于不同的土壤，形成了各具特色的发展模式。新零售业的演进方向一方面需要沿袭传统零售业的发展路径，顺应各国环境逐步成长变化，在传统零售业基础上进行升级换代，另一方面作为新兴业态也会向未知的方向进行探索，带来超出预想的新趋势。梳理各国的零售业发展阶段可以为我们展望新零售的未来提供有效的参考。

一、中国零售业的发展阶段

中国的零售业依次经历了六个发展阶段：①

第一阶段是传统零售业成型阶段。这一阶段中国零售商的商品生产规模较小，而国内市场存在巨大需求，零售商处于相对强势地位，对产品的种类、产量及价格具有一定程度的自由裁量权。市场供求关系的高度不平衡使得零售商仅对部分消费者优先提供零售服务，中国零售业交易呈现小型化和零散化的特点。

第二阶段是消费者导向形成阶段。在这一阶段，中国零售企业的生产方式实现了较高水平的专业化，产品交易量批量增长，零售商的数量也迅速增加，市场竞争强度不断升级。在高度竞争的市场环境中，国内消费者在供求关系中的地位快速上升，消费者偏好逐步成为零售商销售战略的重点关注对象。中国零售商根据不同的消费需求量而使用批发及零售两种方式提供产品销售服务。其中，相较于批发交易，零售交易可以帮助零售商与消费者建立起更为直接的联系与交易渠道，从而更准确地观察消费者的偏好变化。中国零售业较上一阶段更为关注消费者的实际需要，形成了以消费者需求为导向的业务模式。

第三阶段是大零售阶段。在这一阶段，中国零售商围绕消费者需求对战略布局做出调整，开发更为丰富的零售业态，精准定位各自的目标消费者

---

① 艾媒咨询集团. 2017 年中国新零售白皮书[R]. 艾媒网，2017：6-30.

群体,针对其需求建立更为有效的零售模式。居民区的消费者注重产品的多样性、生活性和易得性,因此中国零售商在居民区周边就近建立超级市场,提供价格便宜的各类生活用品,吸引消费者前来超市进行日常消费。商业中心区通常位于城市的心脏地带,交通便利,商业网点密集,有机集聚商务办公圈和旅游景点,大量人流汇聚于此。商业中心区的消费者不仅数量更为庞大,而且需求结构更为多元,崇尚个性时尚的年轻消费者、对当地特产购买力较强的外来消费者及追求高端精致的商务消费者都会来到商业中心区购买产品,成为该地区的主力消费群体。因此中国零售商在商业中心区建立百货商场,出售新兴商品、旅游文化产品及奢侈品等居民区超市无法供应的产品。此外,零售商还考虑到消费者的娱乐需求,建立购物、娱乐一体的商业中心,推出电影、游乐园、练歌房等各色娱乐项目吸引消费者前来游玩,以娱乐带动消费的方式提高用户黏性,并对周边地区产生辐射效应,充分发掘传统零售业的市场潜力。[①]中国人口数量庞大,对外开放程度不断提高,为大零售业务的发展提供了合适的土壤,大型零售企业在中国的社会消费活动中发挥出重要的作用。[②]

第四阶段是网上零售阶段。传统零售业在上一阶段已形成成熟的业态,传统零售市场的充分发掘使得零售业务的扩张速度逐步减缓。同时,互联网技术在中国得到广泛的应用,为电子商务平台的快速发展创造了有利条件。大型集中平台帮助消费者和零售商在网上实现互相匹配,使零售业打破地理空间的限制,将零售服务的影响范围进一步辐射至传统零售业难以触及的地区,为中国零售业注入新的增长动力。

第五阶段是电商薄利阶段。随着电子商务在中国的繁荣发展,大量零售电商进入线上市场。在此过程中,传统零售业不可避免地遭受冲击,大量线下实体店因经营困难而陷入倒闭浪潮。此外,不同于传统零售业,电商零售的透明度较高、行业壁垒较低,新型产品热销后会迅速引来其他竞争对手的竞相模仿,零售服务的同质化程度较高。同时,中国互联网人口增速逐步下滑,线上零售市场的容量开始趋于稳定。[③]在此情况下,电商领域进入红海,[④]

---

① Euromonitor International. Retailing in China[R]. Euromonitor International, 2020:3-4.

② 贾康,程瑜,张鹏.中国大型零售业现状、趋势及行业发展战略设想[J]. 经济研究参考,2017(46):3-30.

③ 艾媒新零售产业研究中心.中国新零售产业研究报告[R].艾媒网,2020:45-48.

④ Whitney Birdsall, Cindy Liu, Rini Mukhopadhyay, Shelleen Shum, Peter Vahle. Global Ecommerce 2020[R]. eMarketer, 2020:3-8.

降价销售成为零售电商的主要竞争手段,线上零售的红利逐步减少,零售电商进入薄利经营的阶段。激烈的竞争环境使越来越多的线上电商面临严重的亏损困境,零售转型的呼声越来越高。

最后一个阶段是新零售阶段。随着中国经济的快速发展,居民收入水平不断提高,①年轻的中产阶级群体数量迅速增长。这些新世代中产阶级消费者对新兴事物接受能力更强,消费意愿更为强烈,消费理念也更加开放,因而在所有消费者群体中脱颖而出,成为中国互联网零售业的主流消费群体。②该群体的消费倾向与时俱进且变化迅速,催生出时尚消费、绿色消费及个性化消费等新的消费方向,对零售电商如何准确把握行业风口提出了较高的要求。③

在此情况下,零售电商逐步摸索合适的转型方向,数字技术成为其重点聚焦的突破口之一。阿里巴巴、京东及拼多多等电商平台与支付宝、微信支付及银联云闪付等第三方电子支付服务商开展广泛合作,使消费者在平台上购买商品时可以选择二维码扫码付款、面部识别付款等移动支付服务,④提高消费便利性的同时采集海量的消费者数据。然后,电商平台运用大数据分析、云计算和3D打印等数字技术挖掘数据中潜藏的信息,⑤更为快速有效地分析归纳消费者需求,针对消费者的不同特性提供定制化零售服务,通过数字技术的深度应用获取新的差异化优势。不仅如此,零售电商还可以开发算法,自动设计优化路径,改进人力和物力的分配方式,对供应链体系进行升级,从供给侧的角度加强竞争力。⑥此外,零售电商积极推动与线下零售的一体化联动,在线下店铺提供消费场景模拟服务,积极与消费者加强互动,为消费者获得更为优质的消费体验创造有利条件。未来,融合线上、线下的新零售模式预计将成为进一步激发零售市场活力的新方向。

除了数字技术之外,社交网络也是零售电商实现转型的重要载体之一。互联网的快速发展改变了人们的社交方式,微信、微博及小红书等互联网社交平台逐步成为人们构建社交网络的重要渠道。中国的新世代中产阶级消

---

① 艾媒新零售产业研究中心.2018年中国零售行业深度市场调查及投资决策报告[R].艾媒网,2018:1-6.

② 联商网.未来两大主流消费群体报告:新世代中产阶级[EB/OL].(2016-05-28).http://www.linkshop.com.cn/web/archives/2016/349965.shtml.

③ 亚马逊全球开店,财新智库.从新业态到新常态——2020中国出口跨境电商趋势报告[R].亚马逊全球开店,2020:1-12.

④ 艾媒咨询集团.2017年中国新零售白皮书[R].艾媒网,2017:6-30.

⑤ Euromonitor International. Retailing in China[R]. Euromonitor International, 2020:1-2.

⑥ 亿邦动力研究院.2020中国零售品牌数字化转型白皮书[R].亿邦动力网,2020:1-17.

费群体工作及生活节奏较快,闲暇时会将大部分的线上注意力分配到社交软件上。[①]零售商在线上社交平台上与消费者建立社交关系,通过朋友圈等渠道发布产品信息并实时提供咨询服务,主动组建官方社群穿插专业知识分享及拼单购买活动,输出与产品应用相关的高价值或高娱乐性内容并提供即时购买链接,在消费者的碎片化社交生活中快速传递信息,潜移默化地吸引消费者购买产品。[②]此外,新世代中产阶级消费群体乐于在社交平台上分享心得和展示个性,社交平台为他们创造对产品进行评价和交流的空间,鼓励他们通过发布文章或投放短视频等方式进行产品推广内容的二次创作,充分利用消费者的消费行为易受熟人建议影响的特点,通过用户的互相推荐引发产品销售潮流。[③]预计未来,中国的社交零售业将继续坚持“以人为本”,[④]加强社交和商业的跨领域融合,在社交零售规模上继续保持对其他国家的领先优势。

二、美国零售业的发展阶段

美国的零售业先后经历了六个发展阶段:

第一阶段是传统零售阶段。在这一阶段,美国零售商主要出售各类小商品,销售对象以各零售点周边社区的居民为主,零售业务规模较小、渠道单一且缺少专业的营销思路,没有形成受到广泛认可的知名品牌,发展速度较为缓慢。

第二阶段是邮购零售阶段。美国零售商在这一阶段开始主动缩短和消费者之间的距离,与邮政业建立合作关系,通过邮寄递送的方式将所售产品目录送到消费者手中,为消费者了解商品提供了便捷的渠道。铁路在国内的大范围铺设使得零售商得以突破地理位置的局限性,进一步扩大产品的宣传范围,将产品销往更多地区。

第三阶段是连锁店零售阶段。随着时间的推移,部分美国零售商积累了一定的经济基础,开始尝试进一步扩大规模。这些零售商在多个地区建立连锁店,推行可复制的标准化经营模式,将原本的单一门店经营方式扩展

---

① 董葆茗,孟萍莉,周璐璐.社交电商背景下零售企业营销模式研究[J].商业经济研究,2020(06):56-59.

② 腾讯智慧零售—波士顿咨询公司.决胜移动社交——新时代的中国消费者互动模式[R].亿邦动力网,2018:9-12.

③ 范增民,路健,王立坤.社交网红电商风口下新零售的消费驱动因素与模式创新[J].商业经济研究,2021(08):42-44.

④ 艾媒新零售产业研究中心.中国新零售产业研究报告[R].艾媒网,2020:28-32.

成多门店网状经营方式，从而更为高效地分配物流资源，并进一步精简产品种类，重点推出畅销产品，通过大规模生产实现规模经济，有效降低生产成本。此外，美国零售商认识到知名品牌的重要性，积极打造自有品牌，建立起良好的口碑，提高产品在消费者间的认知度，并逐步建立情感纽带和信赖关系，培养消费者形成消费惯性，吸引消费者长期购买产品。

第四阶段是购物中心零售阶段。在这一阶段，美国零售商考虑到国内城市消费者需求多元及乡村消费者生活节奏缓慢且分布较为分散的特点，在乡村和城市分别建立购物中心和百货商场：一方面，增加产品的供应量并容纳更多类型的优质零售店铺以满足庞大的消费者群体对产品数量和多样性的需求；另一方面，引入餐厅、影城、游乐园等各类配套生活娱乐设施，使消费者在超市、娱乐设施、食品店内相继流通，形成引导消费的“生态圈”，打造集休闲、娱乐、餐饮于一体的一站式复合业态商业综合体，多方位契合消费者的生活及娱乐需求，在丰富获利方式的同时增加消费者的停留时间，为进一步促进零售产品的销售创造有利条件。

第五阶段是商城零售阶段。美国零售商经过上述几个阶段的发展已吸引其周边区域的大部分消费者，为了从竞争对手那里获得更多的市场份额，这些零售商开始摸索具有特色的促销手段。在这一阶段，美国零售商打造零售商城，推出两种不同的营销模式来获得客户。第一种是折扣促销模式。沃尔玛等零售商致力于提高产品的性价比，①不定期提供较大力度的折扣优惠，辅以折扣卡或优惠券等丰富多样的折扣兑现方式，引导消费者长期关注其促销活动并积极购买商品。②第二种是会员服务模式。不同于采用第一种营销模式的零售商，开市客、山姆超市等零售商注重消费者的分层定位，要求消费者缴纳年费注册会员后才可以进入店内购买商品。③这种营销模式帮助零售商精准定位核心消费者群体，供应符合该群体需求的高质量商品，营造“高端精品商城”的形象。此外，零售商不仅为所有会员免费提供退货、停车、换胎、试吃等便利服务，还对缴纳不同金额会费的会员提供对应层次的服务，如不同比例的消费额返现等，鼓励消费

---

① 倪华.全球零售企业自有品牌的“发展趋势、开发逻辑、应用策略”[R].方正证券研究所，2018：22-27.

② Paul Leinwand and Cesare Mainardi. Why Can't Kmart Be Successful While Target and Walmart Thrive? [EB/OL].（2010-12-15）. https://hbr.org/2010/12/why-cant-kmart-be-successful-w.

③ 钛媒体.山姆会员店 VS Costco：会员经济的楚汉之争[EB/OL].（2019-09-05）. https://www.tmtpost.com/4148063.html.

者长期续会员费。①

最后一个阶段是网上零售阶段。美国的经济长期保持领先,使消费者的消费信心维持在较高水平,刺激零售业的销售额不断上升到新的高度。然而,受到中美贸易摩擦逐步升级和国内政治局势紧张的影响,美国的经济稳定性有所动摇,国内收入不平等问题进一步恶化,中产阶级消费群体的购买能力受到影响。②此外,电商零售和社交网络零售的出现重新诠释了便利性,消费者更加倾向于在家享受商品购买和送货上门服务,而不是驱车前往距离较远的购物商场,其购物习惯迎来明显的转变。这使得主要面向中产阶级消费群体的百货公司和购物中心的客流量和零售额直线下降,美国各地的复合式封闭商场开始减少零售商铺的数量,转而引入保健中心、娱乐机构等其他店铺以增加新的盈利点。与此同时,电商零售赢得了各个收入阶层消费者的青睐,以其他零售渠道难以比拟的增长速度不断扩大销售规模。

互联网技术最早发源于美国,此后在美国也迅速得到普及和应用,为其互联网零售的发展创造了得天独厚的先发优势。大部分美国零售商都认识到开展电商业务对它们是否能在未来延续生命至关重要。因此,大量零售电商在美国纷纷兴起,通过 B2C、C2C 等各类电子商务平台销售产品,将零售业务的涵盖范围从周边地区放大至全美乃至整个世界。网上零售相较于传统零售具有更强的传播能力,数字平台通过集成信誉构建起新的信号机制,为原本难以承担信誉建立成本的中小零售商传递强力信号,③从而有效减少信息不对称,提高品牌的关注度,帮助零售商减少交易成本,推动线上零售销售额增长。④然而,零售电商不需要负担传统零售实体经营的大部分成本,因此准入门槛较低,市场竞争十分激烈。为了在网上零售市场的竞争中脱颖而出,亚马逊(Amazon)、易贝(eBay)等零售电商积极开发与运用数据挖掘和分析技术,分析从数字平台中获取的消费者商品浏览及购买数据,准确把握消费者偏好,结合自身的宣传能力及成本优势合并或淘汰大量中

---

① 联商网.美国开市客(Costco)的成功之道[EB/OL].(2007-01-22).http://www.linkshop.com.cn/(g535z5fooo3lga45b1wnk345)/web/Article_News.aspx?ArticleId=67348.

② Euromonitor International. Retailing in the US[R]. Euromonitor International, 2020:1-7.

③ Vili Lehdonvirta, Otto Kässi, Isis Hjorth. The Global Platform Economy: A New Offshoring Institution Enabling Emerging-Economy Microproviders [J]. Journal of Management, 2019(45):567-599.

④ J.D. Wichser, Christa Hart, John Yozzo. 2019 U.S. Online Retail Forecast[R]. FTI CONSULTING, 2019:2-3.

小零售电商，成为垄断市场的行业巨头。①未来，美国的电商零售业务将延续此前的增长态势，成为零售业的新驱动力。

除了电商零售以外，社交网络零售近年来也逐步成为美国互联网零售的新热点。脸书（Facebook）、推特（Twitter）及美国“闲鱼”（Poshmark）等网站为用户提供互相交流联系的社交媒体平台，基于用户的动态分享及兴趣图谱将他们集聚在各类社群中，构建起高度活跃的社交生态系统。②随着海量用户入驻平台，社交平台进一步加强商业属性，不仅在用户浏览页面插入广告，还针对各个社群的用户偏好量身定制零售服务，推荐他们关注零售商官方账号和好友浏览足迹，定期由官方账号推送爆款产品或通过熟人动态分享宣传优惠活动，③在社交互动中培养消费者对零售品牌的熟悉度和信任感。④社交零售通过社交渠道丰富零售商与用户之间的交流方式，为美国零售商开辟新的蓝海。⑤目前，脸书等社交网站正逐步试点直播带货等促销手段，积极探索如何提高从社交活动到购物活动的转化率。⑥未来，美国的社交零售市场仍有较大的开发潜力。

三、日本零售业的主要发展阶段

日本的零售业经历了五个发展阶段：

第一阶段是百货零售阶段。日本零售商建立的大型百货商店最初主要销售高端商品，随着时间的推移其经营方向也逐步调整，开始销售能满足大众需求的各类产品，服务内容也不断丰富，受到消费者的普遍欢迎。在这一阶段，日本的百货商店在日本各个地区开办了许多分店，建立大量连锁特许经营网点销售产品，其市场份额迅速上升。然而，百货商店的兴起对中小型

---

① CNBC. DC attorney general sues Amazon on antitrust grounds, alleges it illegally raises prices[EB/OL].（2021-05-25）. https://www.cnbc.com/2021/05/25/dc-attorney-general-sues-amazon-on-antitrust-grounds-alleges-it-illegally-raises-prices.html.

② Terry Heick. The Full Version of Mark Zuckerberg's Manifesto on Building Global Community[EB/OL].（2017-02-20）. https://www.teachthought.com/education/full-version-mark-zuckerbergs-manifesto-building-global-community/.

③ 雨果跨境.如何借助社交媒体做营销，看看 Facebook 上最畅销的十种产品[EB/OL].（2017-04-28）. https://www.cifnews.com/article/25596.

④ 苗龙.复杂社交网络下的零售社群经济体构建[J].商经理论，2020(08)：40-43.

⑤ 亿恩网.连续两年增长超 35%，社交商务在美国将成蓝海市场？[EB/OL].（2021-07-08）. https://www.ennews.com/article-22389-1.html.

⑥ Facebook. Introducing Your New Favorite Way to Shop: Live Shopping Fridays[EB/OL].（2021-05-18）. https://about.fb.com/news/2021/05/introducing-your-new-favorite-way-to-shop-live-shopping-fridays/.

零售商造成了明显的冲击,两种形态的零售模式之间矛盾不断升级,对日本整体零售业的活力产生了不利影响。因此,日本于1937年和1955年相继颁布第一部及第二部《百货店法》,[①]对百货商店的营业时间、休假天数、营业面积、活动范围、活动内容统一做出明确规制,将百货商店的经营活动正式纳入日本通产省的问询和约束范围之内。日本政府通过实施《百货店法》,努力协调百货商店与中小型零售商的利益关系,维持实体零售业整体的均衡发展态势。

第二阶段是综合超市零售阶段。20世纪60年代至70年代间,日本零售业从欧美引入了大型综合超市零售模式,大荣、泉屋及西武百货等超市零售商进一步增加商品的供应数量和种类,并根据市场偏好推出畅销产品,提供一站式购买服务。综合超市提供的购物选择更为全面,同时营造出舒适便利的购物环境,满足了各个层次和年龄段消费者的购物需求。[②]此外,综合超市可以从供应商处大量批发商品,因而相较于中小型零售商具有更强的议价能力,受到日本消费者的欢迎。与百货超市相同,综合超市的不断扩张对中小型零售商造成巨大的生存压力。此外,1973年第一次石油危机爆发后,日本经济遭受严重打击,失业率的快速上升和物价的大幅波动动摇了社会的稳定性,日本消费者的购买力出现下降。在此情况下,日本中小型零售商与大型综合超市对市场份额的争夺愈发激烈。尽管上一阶段的《百货店法》对百货商店的行为做出了规定,但难以遏制综合超市的扩张和垄断趋势。因此,日本政府顺应零售业的演变态势,于1973年出台《大规模零售店铺法》(简称《大店法》),[③]加大零售商新设和扩建综合超市的申请难度,并对营业面积和开业时间做出针对性的规定。《大店法》将大型综合超市归入政府的管理范围,进一步加强了政府对零售业整体的调控力度,为维持市场经济流通领域的公平竞争秩序做出一定的贡献。

第三阶段是购物中心零售阶段。日本零售商在这一阶段不再将视野仅局限于如何增加商品的供应数量和种类,而是考虑如何通过其他方式间接带动零售消费。零售商参照欧美模式建立大型购物中心,囊括零售超市、电影院、理发店等各类店铺,提供消费者所需的各种形式的生活服务,为消费者带来高品质生活体验的同时充分激发其潜在的购买动力。20世纪90年

① 孙前进.日本现代流通政策体系的形成及演变[J].中国流通经济,2012(10):13-18.

② 李晓晖.日本零售业的发展与创新——以综合性超市为例[J].中国市场,2012(12):13-16.

③ 朱桦.日本零售大店政策的沿革与内容[J].江苏商论,2008(03):14-17.

代以来,日本泡沫经济迎来崩溃,恐慌和不安情绪在日本消费者群体中广泛蔓延,该群体的消费意愿随之被大幅削弱,使大型零售业面临极为严峻的生存环境。[①]此外,社区居民对生活环境的要求随着时代的变迁不断提高。尽管大型购物中心可以有效刺激消费,但同时会带来庞大的人流、车流与物流,周边社区必须面对由此衍生的交通堵塞、噪声扰民、垃圾堆放等各类问题。与美国不同,日本人口众多且国土狭小,大型购物中心造成的交通和环境问题使周边社区承受较大压力。在此背景下,日本政府的政策风向开始逐步转变,不再坚持对大型零售店铺进行单方面限制,而是引导中小型零售商与大型零售商实现共存,同时加强大型零售商与周边社区的融合。因此,日本政府于 2000 年废止《大店法》,并先后出台《大店立地法》及《中心街区繁荣法》《新城市规划法》,[②]要求大型零售商调整运营方式以减少对周边环境的不利影响,鼓励零售大店实现有序发展。

第四阶段是便利店零售阶段。20 世纪 70 年代,日本政府出台的《大店法》对零售大店的扩张进一步施加较大压力。在此背景下,日本零售业做出积极的战略转型,开始将重心转向便利店业务。便利店具有"小而全"的特点,占地面积和商品供应量较小,但可以 24 小时提供食品饮料、文具杂志、洗漱用具等各类社区居民生活用品,不仅全方位满足消费者的各类需求,还与街道布局相配套,将对周边社区的负担降至最低。因此,20 世纪 90 年代,经济低迷和环境要求趋严使零售大店陷入困境,但小体量的便利店受到的影响则相对有限。[③]进入 21 世纪以后,日本便利店重点强化自身的品牌效应,7-Eleven、全家、罗森等知名便利店都供应零售、小吃、鲜食等自有品牌商品,保障产品品质的同时创造更多的获利空间。此外,日本便利店进一步扩大服务范围,不仅提供电子货币、积分卡服务以及代缴水电费、收发快递、打印资料、存取款等各类服务,还为消费者在店内开辟小型休息区域,提供插座、充电设备及无线网络等,营造温馨舒适的消费环境。[④]现在,随着日本社会步入老龄化,越来越多的高龄消费者将生活范围局限于居所附近,较少有机会进入距离较远的综合超市或购物中心进行购物,[⑤]便利店帮助该消

---

① 朱桦.创新与魅力:现代日本零售业发展概览[M].上海:上海科学技术文献出版社,2008:341-364.

② 陈丽芬.日本零售业制度演进对业态的影响及启示[J].中国流通经济,2014(10):13-20.

③ 野村综研.日本的便利店为何如此成功? [EB/OL].(2014-07-28).http://finance.sina.com.cn/zl/international/20140728/140919838735.shtml.

④ 郑斌斌.日本 7-Eleven 便利店长期竞争优势构建机制[J].商业经济研究,2018(03):133-136.

⑤ Fung Business Intelligence. What's New and What's Next in Japan Retail[R]. Fung Group, 2018:1-12.

费者群体就近解决综合生活需求，发挥便利性特色吸引消费者前来购买商品，顺应时代变化不断发掘新的商机。[①]便利店模式在日本推广后得到零售市场的普遍认可，获得良好的经营成绩，成为日本零售业的重要支柱。

最后一个阶段是"便利店+"零售阶段。随着便利店零售模式取得成功，各类便利店纷纷涌现，遍布日本的大街小巷，充分发掘传统零售业的市场潜力，零售行业的竞争环境也因此趋于严峻。在此情况下，互联网时代下数字化技术在各个行业的灵活应用为便利店寻找新的商机提供了有益的启示。罗森、全家、7-Eleven等便利店积极尝试将数字化、智能化和自动化技术应用于实体店铺的各个服务环节，使用人工智能分析消费者的购物喜好并推送相关产品，设计应用程序提供快捷支付或自助结算服务，开发智能订货系统帮助店铺实现半自动化订货，从而提高产品销量并缓解劳动力短缺、客流量过大及库存分配不合理等问题造成的压力。[②]日本人工成本较高，信用卡支付体系完善，注重个人隐私保护，而且对技术革新态度保守，因而社会数字化渗透率增长缓慢，电子商务、移动支付等数字化服务的发展水平明显落后于中、美两国，对新零售业务的开拓造成明显阻碍。[③]然而，在新冠肺炎疫情的刺激下，日本政府已开始加速推进数字化建设。日本参议院于2021年5月通过《数字化社会建设基本法》等六部与数字化改革相关的法案，同年9月菅义伟及其内阁正式牵头设立数字厅，面向官方及民间推行数字化政策。[④]在此情况下，日本便利店率先做出的数字化转型探索有利于它们抢得新零售发展先机，未来将在进一步凸显精细化经营特点的同时培养独有的"数字竞争力"，积极破解同质化竞争困局。

第三节　主要国家新零售的商业模式

随着数字技术的发展，零售业态的基础设置逐渐实现可塑化、智能化、系统化，企业成本、效率、消费者体验获得同步升级。新零售的本质在于改

---

① Euromonitor International. Retailing in Japan[R]. Euromonitor International, 2020：1-5.

② 日本通.立足日本国情：打造罗森独有的"数字化便利店"[EB/OL].（2018-11-18）. https://www.517japan.com/viewnews-101469.html.

③ 36氪.日本零售业启示录：传统有"欣喜"，数字化很"隐忧"[EB/OL].（2018-12-12）. https://36kr.com/coop/zaker/5166730.html?ktm_source=zaker.

④ 新华网.日本通过数字化改革相关法案[EB/OL].（2021-05-12）. http://m.xinhuanet.com/2021-05/12/c_1127438696.htm.

善效率,通过产品升级,释放消费者的购买需求。2016 年,阿里巴巴率先提出"新零售"概念,新零售业务在美国、日本等经济体内获得蓬勃发展。本节将就中国、美国、日本三个主要经济体新零售业态的商业模式进行具体剖析,并结合典型案例梳理各核心经济体新零售业态的显著特征。

一、中国:新零售产业链初步形成

中国新零售企业以互联网为依托,运用大数据、人工智能等先进技术手段,对商品的生产、流通与销售过程进行升级改造,并对线上服务、线下体验以及现代物流进行深度融合,重塑业态结构与生态圈,中国新零售产业链初步形成。中国新零售业态的主旋律是以消费者体验为中心的数字驱动型新零售业态,即新零售生态系统以消费者为中心,线上线下为两翼,由数据、供应链、物流、支付、金融组成,具有数字化、全场景化、平台化、移动化、行业细分化等特征。具体如图 2-7 所示:

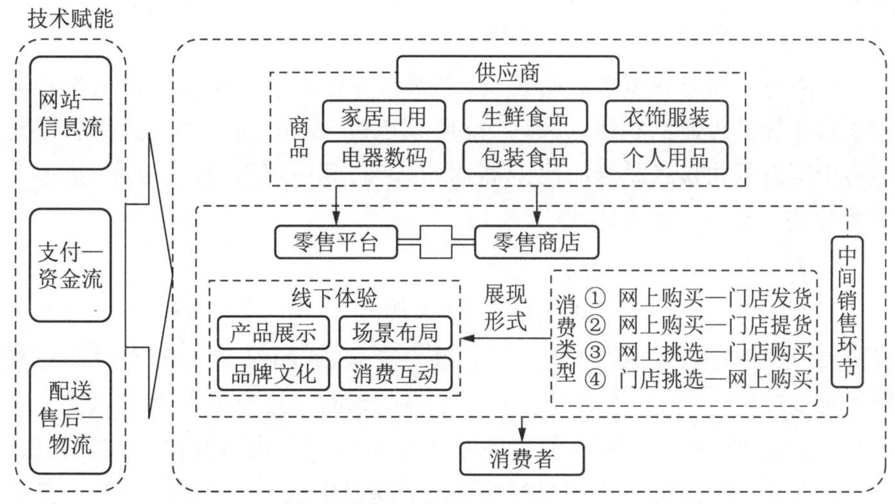

图 2-7　中国新零售产业商业模式

• 资料来源:艾媒新零售产业研究中心. 2018 年中国零售行业深度市场调查及投资决策报告[R/OL]. (2018-12-21). https://www.iimedia.cn/c400/63227.html。

(一) 具有数字化的典型特征

新零售的本质是以大数据重构"人、货、场",全面打通消费者、产品、服务、支付和库存等方面的数据,实现数字化运营。在"人"方面,数据帮助商品的生产者和服务者更好地识别与理解消费者,洞察消费者需求,实现精准营销；在“货”方面，数据助力厂商实现商品生产与服务的优化，进而在所有合适的场景里（包括线上和线下）提供最合适的商品给消费者，实现智能控货；在“场”方面，数据帮助商场管理者完成客流分析，优化动线设计，解决以往招商选址的匹配难题。

（二）具有全场景化的典型特征

线上服务和线下体验的深度融合是中国新零售业态区别于传统电子商务的核心差异。拓展线下流量是降低获客成本的关键，也是提升消费者体验的关键一环，各大电商平台纷纷推出线下门店，同时提高配送效率，这恰好体现出新零售业务的竞争日趋激烈，线下场景成为各大平台的竞争重点。例如，盒马鲜生（见专栏一）依托阿里生态系统，通过线上软件在实现导流、拓展客户目的的同时搜集客户数据，通过大数据对客户的消费偏好、消费习惯进行分析，勾勒出清晰的客户画像，进行精准营销；盒马鲜生的线下实体店则以提升客户体验为主，采用“餐饮＋零售”的经营模式，将超市、餐饮、仓储、物流等功能集于一体，打造“一店、二仓、五中心”①的经营体系。

（三）具有平台化的典型特征

随着电子商务在零售业的普及，中国新零售市场逐步出现由大型新零售平台主导并控制的趋势。2019年，阿里巴巴、京东、拼多多三大平台零售额占中国新零售市场总额的比例高达80.3％，其中阿里巴巴、京东、拼多多三者分别占比55.8％、16.4％、8.1％。

（四）具有移动化的典型特征

2022年底，中国数字买家的数量达到8.06亿人，占中国人口总数的68.6％，互联网用户总数的89.5％。进一步来看，超过99％的数字买家均通过移动端进行交易，移动端成为新零售业态的主流交易渠道。从交易额的角度来看，2020年中国电子商务业务中的81.5％均通过移动设备完成，总值约为1.703万亿美元。2022年底，上述占比进一步增长至83％，其总值突破2万亿大关，达到2.374万亿美元。②此外，随着电商平台直播将娱乐和购物有效结合，并在中国快速发展，电商零售和社交网络零售的边界日益模糊。例如，阿里巴巴的淘宝商城在引入直播后，其在线销售额大幅增长。

① “一店、二仓、五中心”指一个门店，前端为消费区，后端为仓储配送区，囊括超市中心、餐馆中心、物流中心、体验中心以及粉丝运营中心。

② Ethan Cramer-Flood. China Ecommerce 2020: Despite Decline, China Will Become the World's Largest Retail Market This Year[R/OL]. (2020-06-10). https://www.emarketer.com/content/china-ecommerce-2020.

消费者在观看直播时，可实时提出问题、发表评论、提供反馈，进而提高厂商与消费者之间的信任程度，目前，在中国已拥有超过 4 亿的直播观众，为新零售注入了巨大的潜力。

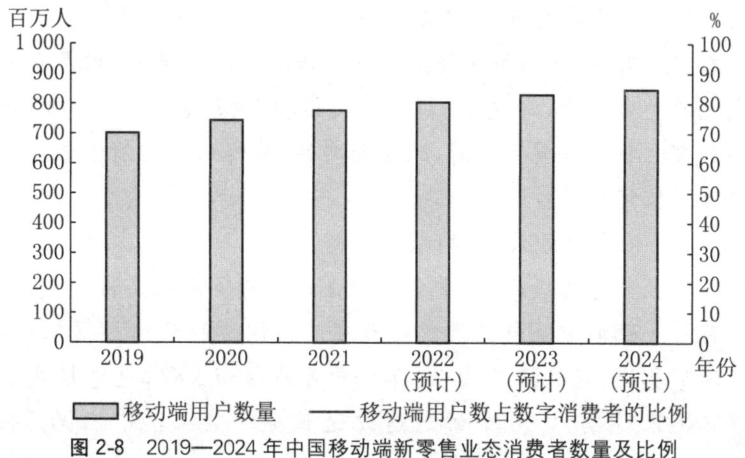

图 2-8　2019—2024 年中国移动端新零售业态消费者数量及比例

• 资料来源：Ethan Cramer-Flood. China Ecommerce 2020: Despite Decline, China Will Become the World's Largest Retail Market This Year[R/OL]. (2020-06-10). https://www.emarketer.com/content/china-ecommerce-2020。

（五）具有行业细分化的典型特征

随着新零售生态系统的逐步完善，消费需求的层级性、多样性、差异性以及消费者对良好消费体验的一致追求促使新零售企业采取差异化竞争策略，趋向更细分、垂直的发展领域，针对细分人群、细分品类、细分市场进行深耕，进而带来中国新零售产业基本实现对衣食住行全品类的覆盖。例如，在生鲜行业中出现盒马鲜生、京东到家等；在母婴行业出现宝贝格子、蜜芽等；在餐饮行业出现饿了么、美团外卖、瑞幸咖啡等。

专栏　中国零售的新业态——盒马鲜生①

2016 年，盒马鲜生横空出世，它创造性地采用“生鲜食品超市＋餐饮＋电商 App＋物流”的线上线下一体化经营模式，开启了“新零售”业态的新纪元。

阿里巴巴作为电子商务平台而存在，仅为店铺提供中间零售平台而不

① 殷晖，乔培臻，俞书琪.未来零售：解锁新零售的关键模式[M].杭州：浙江大学出版社，2021.

从事具体经营服务，其能力长于线上，短于线下。然而，盒马鲜生背靠阿里巴巴，入局线下生鲜领域，其实重点并不在于“生鲜”，而在“线下”。具体来看，盒马鲜生运营模式具有以下特点：

（1）自建场景渠道，提供卓越用户体验

从本质上来说，盒马鲜生仍属于一种传统的零售渠道，但是它打造了现买现吃的堂食场景，形成了“超市＋大排档”的综合体。新鲜的海鲜从水族箱到摆上餐桌只要半小时，眼见为实的“新鲜”，也为消费者在线上的复购提升了信任度。

（2）多样化交付方式，重构零售业态

盒马鲜生支持到店购买、堂食和配送到家的多样化交付方式，极大地丰富了客群。他们中既包括喜欢白天在店内闲逛的退休或居家人群，又包括生活节奏快、对价格不敏感、喜欢堂食的白领人群，也包括热衷于享受门店3千米范围内30分钟送达配送服务的“80后”“90后”年轻消费群。

半小时送达的配送模式也重新制定了外卖配送的行业标准，在盒马鲜生附近的小区，因为生活更方便，房产中介甚至提出了“盒区房”的概念。可以说，盒马鲜生重新定义了一种受人追捧的生活方式，阿里完全重构了线下超市的新零售业态。

（3）场景化数据，价值才更高

阿里此前借助淘宝已经收集到了足够多的消费数据，但是，无论是淘宝还是盒马鲜生的线上平台，对消费者而言，数据触达的维度都较浅，质量相对较低。毕竟线上更关注用户的消费行为数据，如加购物车数量、复数购买率、浏览次数等，但是无法触达消费者的需求数据。

盒马鲜生虽然也是渠道，但通过场景的数据化，获取包括浏览、消费、口味偏好、评价等行为数据，从需求的激发，到消费行为的产生，再到消费反馈，即消费全链路获取数据。这些数据的质量要远高于传统电商平台，因为消费者在线下购物场景中的决策，远比在电商平台中受广告、推荐、价格策略影响后的决策真实得多。

（4）从平台到自营的模式突破

阿里的定位始终是坚持平台化，为商户赋能，但盒马鲜生却是阿里线下自营业务的开端，自主经营，考虑选品、采销、供应链、门店管理、人员管理等一系列工作。相对于平台化经营，采销人员直接面对供应商、货权归盒马鲜生的自营模式，对供应链的掌控能力更强。同时，阿里在天猫、淘宝、1688等积累的平台资源和能力可直接作用于盒马鲜生，如客群营销、导流、广告、推荐、预测补货等。

二、美国：传统零售企业寻求转型，布局新零售业态

1990年网络电子商务在美国萌芽，1995年跨境电商易贝(eBay)诞生，1996年亚马逊上线并以实体书籍为切入点将实体零售颠覆性地搬至线上。根据摩根大通的研究显示，亚马逊有望在2022年超越沃尔玛成为美国最大的零售商。①线上零售电商将美国零售业带入全新的科技驱动零售发展的时代，美国传统零售企业被迫转型。美国地广人稀的特点决定美国传统零售业店铺选址需以社区为中心，锁定员工和消费者等主体。进入数字经济时代，美国传统零售业的交付模式、交付时效、交付内容均发生巨大变化。另一方面，美国传统零售业销售和传播的渠道也进一步丰富。

图2-9　美国新零售产业商业模式

• 资料来源：艾媒新零售产业研究中心. 2018年中国零售行业深度市场调查及投资决策报告[R/OL]. (2018-12-21). https://www.iimedia.cn/c400/63227.html。

① 新浪财经.摩根大通：亚马逊有望在2022年超越沃尔玛成为美国最大零售商[EB/OL]. (2021-06-12). http://www.techweb.com.cn/it/2021-06-12/2844080.shtml.

第一，"点击提货"和"路边提货"等新型交付模式出现，美国传统零售业的转型呼唤无摩擦交易的实现。随着用户在购物时愿意花费的时间减少，有效降低消费者购物和结账过程中的摩擦，提升用户购物体验，对传统零售业的复兴和向新零售行业的转型至关重要，"点击提货""路边提货"等新零售业态在美国应运而生。具体来看，"点击提货"是指消费者在零售商的线上商城订货，在该零售商的就近零售点或专用提货点(包括提货储物柜)提货。根据美国科恩公司(Cowen and Company)估测，美国的"点击提货"式杂货销售额从2019年的43亿美元跃升至2020年的74亿美元。[①]"路边提货"是指消费者提前通过线上商城订货，在预定时间驾车至指定的停车区域内等待商店工作人员或服务商交付货物，该模式由沃尔玛主导。从垂直产业分工维度看，通过与第三方技术提供商进行合作可降低企业向"点击提货"+"路边提货"转型过程中面临的结构差异成本。例如，齐宾零售(Zippin Store)和初创公司标准认知(Standard Cognition)等竞争技术提供商专门为其零售合作伙伴提供类似的无摩擦结账体验，并将在未来的一年扩大其零售合作伙伴范围。此外，在"点击提货"+"路边提货"的结合方面，亚马逊已经与美国来德爱公司(Rite Aid)合作，在其商店取货，并与科尔士百货公司(Kohl's)合作退货，实体店从线上到线下的退货合作伙伴关系也将扩大无摩擦商业格局。除此以外，亚马逊推出的"Amazon Go"无人收银店铺模式使用计算机

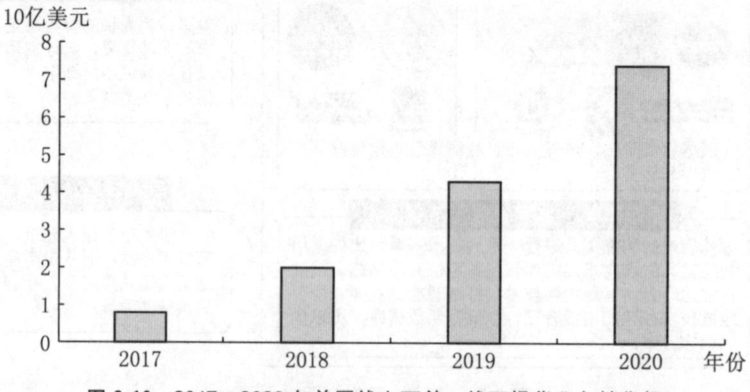

图 2-10　2017—2020 年美国线上下单 + 线下提货业务销售额

• 资料来源：Andrew Lipsman. The Future of Retail 2020：10 Trends that Will Shape the Year Ahead [R/OL]. (2019-12-19). https://www.emarketer.com/content/the-future-of-retail-2020。

① Cowen and Company. Connections, Context & Community Drive Customer Lifetime Value[R/OL]. (2019-04-12). http://www.cowen.com/wp-content/uploads/2020/01/Cowen-Themes-2020.pdf.

视觉技术，让购物者在进入商店时扫描其应用程序，随后从货架上挑选商品，待客户离店时，亚马逊将从用户的账户自动收费，实现了“不用排队、不用结账、没有收银台”的新型购物模式，极大地提升了用户购物体验(见专栏二)。

专栏 美国零售的新业态——Amazon Go①

2018年1月22日，占地面积167平方米的Amazon Go正式在西雅图向公众开放，主要提供即食早餐、午餐、晚餐和牛奶、面包、巧克力等各类小吃，营业时间为周一到周五，早上7点到晚上9点。Amazon Go是一种无需收银台的新型商店，实现了“不用排队、不用结账、没有收银台”的新型购物模式。Amazon Go是利用计算机视觉和机器学习的界限创造的一个商店，客户可以随心所欲地拿他们想要的货物，超市内无购物车，商品直接进入购物袋，当客户从货架上取货时，产品会自动放入其在线账户的购物车中。同时使用相机和传感器网络来动态监控客户，并通过智能手机应用程序自动为他们从商店中取出的物品进行计费。最后的结账部分也是相当便捷，从拿好货物到走出超市，不用排队，几乎瞬间完成收费过程。《今日美国》(*US Today*)对Amazon Go的购物消费过程可视化展示如下：

第一步，消费者通过智能手机注册Amazon Go账户，在超市入口扫描该应用程序进入商店。超市入口处的摄像头将通过亚马逊识别(Amazon Recognition)技术进行人脸识别。

第二步，当消费者在货架前停下来时，摄像头将捕捉并记录消费者拿起的商品，以及未购买并再次放回去的商品。

第三步，货架上的摄像头会通过手势识别判断消费者是拿起了一件商品(购买)还是拿起了一件商品看了看又放回了货架(不购买)。

第四步，超市内的麦克风将根据周围环境声音判断消费者所处的位置。

第五步，货架上的红外传感器、压力感应装置(记录商品被取走)，以及荷载传感器(记录商品被放回)将记录下消费者取走了哪些商品以及放回了多少商品。同时，这些数据将实时传输给Amazon Go商店的信息中枢。

第六步，在离店时，传感器会扫描并记录下消费者购买的商品，同时自动在消费者的账户上结算金额。

① Nick Wingfield. Inside Amazon Go, a Store of the Future[EB/OL]. The New York Times(2018-01-21). https://www.nytimes.com/2018/01/21/technology/inside-amazon-go-a-store-of-the-future.html.

第二，零售业交付时间大幅缩减，美国传统零售业的转型加剧美国快递业竞争。2019 年起，亚马逊率先在美国发展自己的快递业务，提高快递交付时间和速度，带动行业竞争，降低对联邦快递、美国联合包裹运送服务公司(UPS 快递)、美国邮政的依赖。2019 年 5 月，亚马逊宣布将在年底前为所有亚马逊优享会员(Prime 会员)提供一日送达服务。一个月后，沃尔玛宣布将在年底前为大多数客户提供次日达服务。随后，美国塔吉特公司(Target)以 9.99 美元的价格推出了当日送达服务，亚马逊宣布将取消亚马逊生鲜服务(Amazon Fresh)杂货配送每月 14.99 美元的费用。数据显示，2017—2018 年之间，使用次日达服务的数字买家的比例从 40%攀升至 46%，采用当日发货服务的用户比例从 17%跃升至 31%。[①]行业交付时间从 2016 年 12 月的 7.8 天降低到 2019 年 9 月的 5.3 天，平均提高 2.5 天，亚马逊的交付时间从 2016 年 12 月的平均 4.2 天降低到 2019 年 9 月的平均 2.5 天。[②]

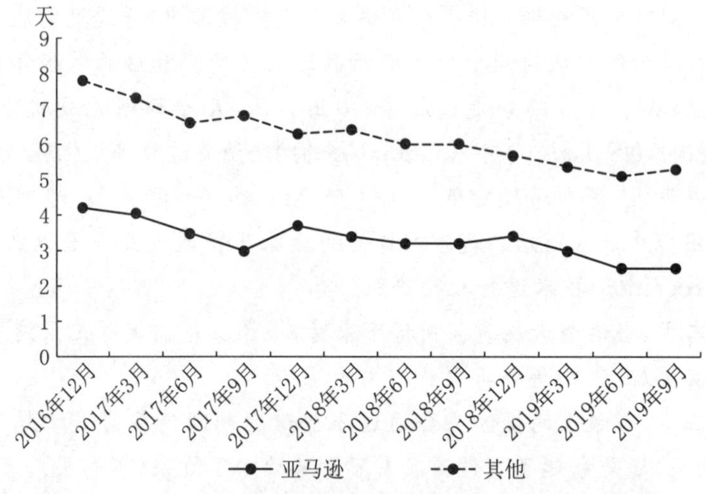

图 2-11 2016 年第四季度—2019 年第三季度快递交付平均天数

• 资料来源：Andrew Lipsman. The Future of Retail 2020: 10 Trends that Will Shape the Year Ahead [R/OL]. (2019-12-19). https://www.emarketer.com/content/the-future-of-retail-2020。

第三，二手物品交易额稳步增加，美国零售业交付内容进一步丰富。随着消费者对二手商品的接受度逐步提高，美国二手物品交易额稳步增加。

① Activate Consulting. Technology & Media Outlook 2020[R/OL]. (2019-10-23). https://activate.com/outlook/2020/.

② Andrew Lipsman. The Future of Retail 2020: 10 Trends that Will Shape the Year Ahead[R/OL]. (2019-12-19). https://www.emarketer.com/content/the-future-of-retail-2020.

根据万国数据服务有限公司(GlobalData)《2019 年转售报告》显示，美国二手物品市场零售额从 2019 年的 280 亿美元攀升至 2020 年的 320 亿美元，其中，来自转售市场的零售额预计将从 7 亿美元跃升至 100 亿美元，约占美国二手物品市场零售总额的 1/3。①此外，从年龄分布来看，美国 18—24 岁、25—34 岁、35—44 岁互联网用户群体在网络上购买二手物品所占比重分别为 46%、41%、39%，出售二手物品比例分别为 23%、26%、24%。②随着

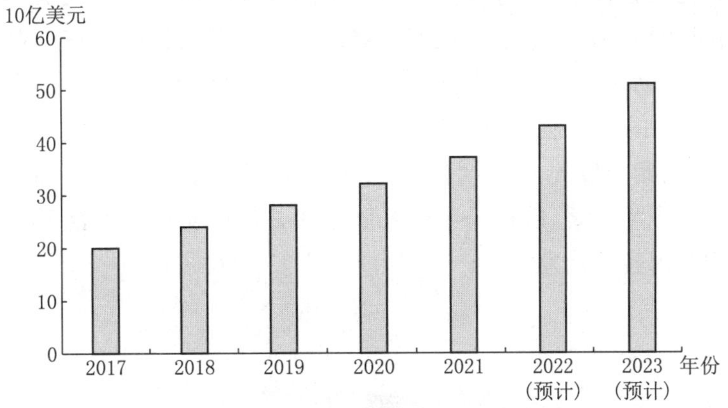

图 2-12　2017—2023 年美国二手物品销售额

• 资料来源：Andrew Lipsman. The Future of Retail 2020: 10 Trends that Will Shape the Year Ahead [R/OL]. (2019-12-19). https://www.emarketer.com/content/the-future-of-retail-2020。

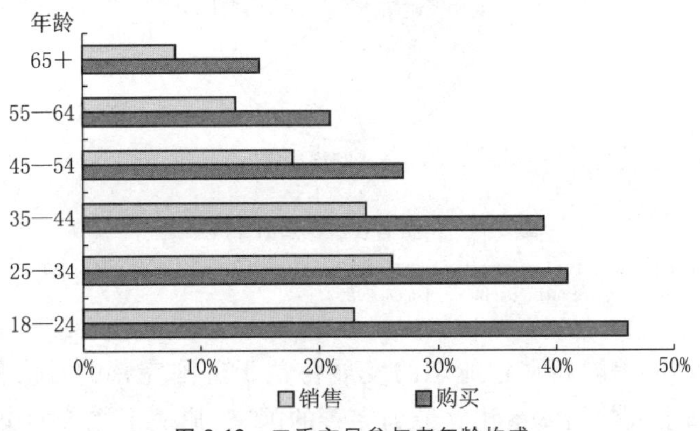

图 2-13　二手交易参与者年龄构成

• 资料来源：Andrew Lipsman. The Future of Retail 2020: 10 Trends that Will Shape the Year Ahead [R/OL]. (2019-12-19). https://www.emarketer.com/content/the-future-of-retail-2020。

---

① Thred UP. 2019 Resale Report, conducted by GlobalData; eMarketer calculations, March 19, 2019.

② Activate Consulting. Technology & Media Outlook 2020[R/OL]. (2019-10-23). https://activate.com/outlook/2020/.

美国经济表现疲软，可以预见美国转售市场的发展可能进一步加速，消费者将寻求质优价廉的二手物品来缓解实际收入降低的负面影响。

第四，社交网络媒体逐渐成为美国企业品牌营销的重要渠道。根据2019年3月托鲁纳公司(Toluna)的调查显示，消费者通过社交媒体广告和搜索引擎首次获知新品牌的比例分别达到35%和25%，而通过户外广告和传统媒介渠道获知新品牌的比重仅为6.5%和3.5%。由此看出，社交网络媒体已成为品牌营销的主要渠道。社交网络媒体不仅可为消费者引入新品牌，同时可为消费者提供多元化产品展示、产品特征描述等，进而刺激消费者购买意识，创造新需求。根据2019年10月美国消费者研究平台赛维科(CivicScience)的研究显示，直接通过社交媒体购买产品的互联网用户比例从2018年第四季度的13%增长至2019年第三季度的21%，①而这一趋势在时尚行业最为显著，超过一半的互联网用户在购买时尚产品时均受到社交媒体相关内容的启发。②

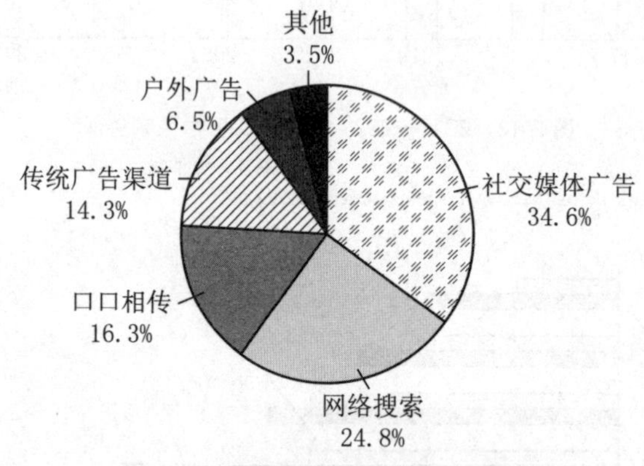

图 2-14 消费者首次获知新品牌渠道

• 资料来源：Andrew Lipsman. The Future of Retail 2020：10 Trends that Will Shape the Year Ahead[R/OL]. (2019-12-19). https://www.emarketer.com/content/the-future-of-retail-2020。

除此以外，美国新零售业态的发展得益于美国完善的社会信用体系。美国是目前个人信用体系建立最为完善的国家，形成了完善的个人信用档案登记制度、规范的个人信用评估制度、严密的个人信用风险预警系统及其

① 艾媒新零售产业研究中心. 2018年中国零售行业深度市场调查及投资决策报告[R/OL]. (2018-12-21). https://www.iimedia.cn/c400/63227.html.

② Andrew Lipsman. The Future of Retail 2020：10 Trends that Will Shape the Year Ahead[R/OL]. (2019-12-19). https://www.emarketer.com/content/the-future-of-retail-2020.

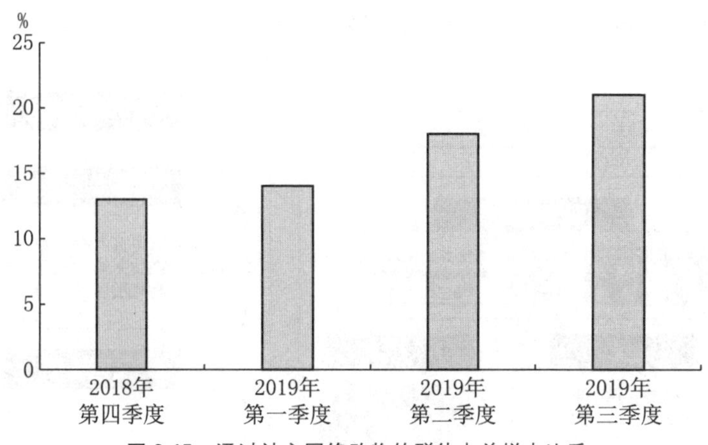

图 2-15 通过社交网络购物的群体占总样本比重

管理办法，还有健全的信用法律体系，其中消费信贷的法律包括《信贷机会均等法》《诚实借贷法》《公平信贷报告法》等；授信法律包括《诚实贷款法》《信用卡发行法》等。美国公民所拥有的"社会安全号"SSN(social security number)可以把一个美国人一生几乎所有的信用记录串在一起，包括个人的银行账号、税号、信用卡号、社会医疗保障号都与之挂钩。完备的社会信用体系支撑美国信用经济的发展，也是美国传统零售业向新零售过渡的重要保障。然而另一方面，美国移动支付仍未达到预期增长速度，Walmart Pay 和 Apple Pay 等均有较大的发展空间。

三、日本：零售企业升级改造，提升用户体验

近年来，受限于人口老龄化加剧、消费者生活方式的变化、经济发展低迷、社会及产业结构变革和数字化经济的变化，传统日本零售业所面临的挑战日益凸显。[①]具体来看，日本总人口从 2008 年开始减少，65 岁以上高龄人群占总人口比例逐年增高，单人家庭、两人家庭占到了全日本家庭总数的 56%。人口问题带来商品购买数量的减少，并使人们逐步转向服务性消费，呈现从"买货"到"体验"的变化。基于此，日本零售企业坚守提升信赖、品质、便利性的基础，打造全新的"线上+线下"零售，逐步形成"社会基础设施型零售业"。具体来看，日本新零售业态的发展依托本土现有的便利店网络，重视用户体验，推动实现制造业的服务化，依托精细化管理实施"就近

① 碓井诚.日本零售业启示录[J].中欧商业评论，2020(8).

配送”,支持支付手段多样化、推动多样化结算。

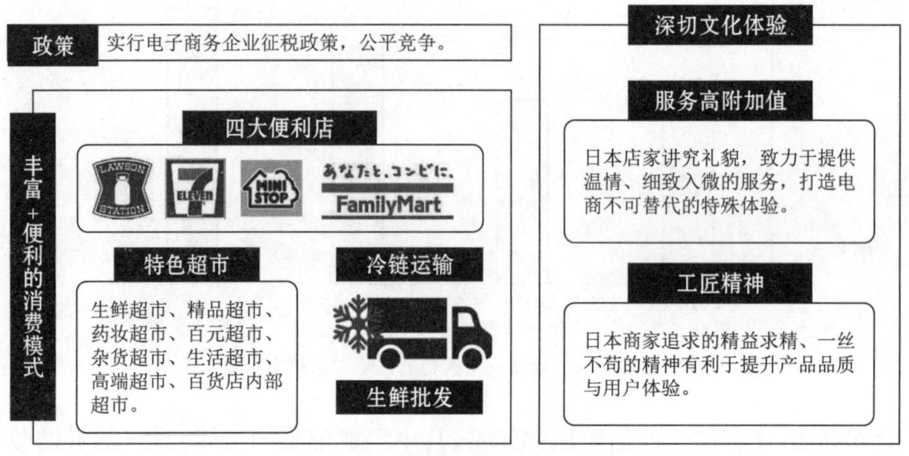

图 2-16　日本新零售产业商业模式

• 资料来源:艾媒新零售产业研究中心. 2018 年中国零售行业深度市场调查及投资决策报告[R/OL]. (2018-12-21). https://www.iimedia.cn/c400/63227.html。

第一,便利店仍然是日本零售业的主流模式。在日本,目前尚未出现像脸书、谷歌、亚马逊、苹果、阿里巴巴、腾讯这样规模巨大、涵盖多元服务的平台。一方面日本单身家庭比例提高,根据统计,日本单身家庭占日本社会家庭比例已从 2000 年的 27.6%增长至 2015 年的 34.6%;另一方面,截至 2016 年,日本 65 岁及以上人口总数达到 3 459 万,占日本总人口的 27.3%,日本已进入老龄化社会。[①]由于便利店在全国拥有广泛网点,商品涵盖衣食住行各个方面,不仅可满足日本国内日益增加的单身家庭的日常需求,同时有效回应了日本逐渐步入人口老龄化社会的需求,因此仍然是日本零售业的主要分销渠道。截至 2017 年 2 月,日本 7-Eleven、全家、罗森便利店数量均超过 10 000 家。[②]

第二,重视用户体验,提倡制造业服务化。在推动新零售产业发展的过程中,日本商家打破传统的以经营者为导向,转而以消费者为中心,并将精益求精、一丝不苟的工匠精神发挥到极致,不断贯彻执行“绝对的追求、信赖

① FUNG BUSINESS INTELLIGENCE. What's New and What's Next in JAPAN Retail[R/OL]. (2018-02-28). https://www.slideshare.net/sellong/whats-new-and-whats-next-in-japan-retail.

② Family Mart UNY's 2017 annual report; current survey of Commerce, Economic and Industrial Policy Bureau, Ministry of Economy, Trade and Industry Japan; and documents released by each company.

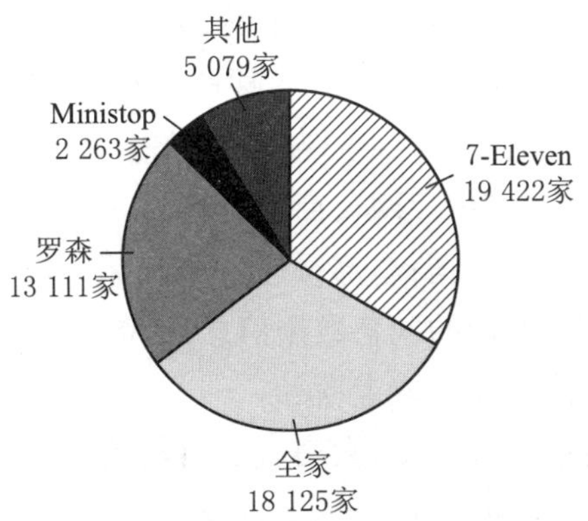

图 2-17　2017 年日本便利店数量

• 资料来源：Euromonitor International. Retailing in Japan[R]. Euromonitor International, 2020：1-5。

与品质”，即企业不以其他的企业为标准、不以现在的成功经验作为判断标准，只从消费者的立场出发，率先满足未被发现的需求，向消费者率先提供新的商品、新的品类和新的服务。此外，在商品极大丰富和零售渠道多元化的时代，消费者需要的不只是商品，而是一套能够彰显价值主张的生活解决方案，日本零售实体店不再只是单一的商品销售场所，而是消费者“体验的场所”，实体店通过个性化、定制化服务和体验吸引线上消费者融入线下购物，满足年轻消费者的偏好改变。例如，日本著名的茑屋书店以内容的方式重构了书店空间，形成“生活方式＋讯息＋场所”的综合体，其底层逻辑为“关于生活方式的全新提案”，是生活方式的升级。茑屋书店依托于其背后经营团队文化便利俱乐部(Culture Convenience Club，以下简称为 CCC)推行的 T-CARD 会员积分卡[①]获得超过 50％日本人口的日常消费数据，庞大的消费数据让茑屋书店得以轻松还原用户画像，为用户提供精准服务和极致体验，并形成茑屋书店运营的核心壁垒。经常光顾茑屋书店的人可能都有一个相似的感受，就是在这里好像总能轻松“遇到”自己喜欢的书(见专栏三)。

第三，配送体系实行“就近配送”。日本高昂的土地价格以及老龄化导致的劳动力不足问题，使得日本仓储成本和配送成本大幅增加。在这一背景下，日本的连锁商业没有模仿美国建立庞大的配送体系，而是以分布范围广泛且门店数目超过 5 万家的连锁便利店为支撑，实行就近配送，提供 24

① T-CARD 会员积分卡活跃用户数量占日本人口总数的 50％以上。

小时全天候服务。这不仅大大节约了仓库成本,同时利用便利店配送或自提方式可以大大削减人工配送的成本,是日本将“新经济”和本土传统经济形式的巧妙结合。例如,日本 7-Eleven 便利店建立了一套完整高效的综合信息网络,成功实现了“店中建网”,商家可通过该系统搜集商品销售信息,预测订货,定期发布订货数据;总部可通过 POS 系统分析 6 000 多个连锁店的订货信息,分析不同商店的销售数据信息;消费者可随时通过线上系统进行购物,随后至便利店支付并取走商品。

第四,支持支付手段多样化,大力推进自动收银。一方面,由于不具备完善的信用卡服务体系,日本电子商务的支付方式也不像美国采用统一的信用卡支付服务,而是根据本地大众的消费心理和文化习惯,采取了包括现金支付、信用卡支付和会员制记账等多种支付方式相互结合的形式。[①]另一方面,为了缓解劳动力短缺问题,提升流通行业的工作效率,日本 7-Eleven 和全家等五家大型便利店连锁企业宣布将在 2025 年之前,在日本国内全部店铺引进让消费者自己结账的自助收银柜台,在方便顾客结账的同时与产品制造商和物流企业共享有关销售状况的信息。在超市,逐一读取条码的自助收银正在普及,但经销日用品的大型企业全面引进使整个购物筐瞬间完成结账的机制,在世界范围仍没有先例。[②]

专栏　日本零售的新业态——茑屋书店[③]

茑屋书店创办于 1983 年,目前在全球拥有超过 1 400 家分店,日均流量破万,每月销售额突破约 600 万元。在全世界书店生意凋敝的情况下,茑屋书店逆势而行,并成为新零售的典范企业之一。茑屋书店以“书+X”模式构建体验场景,借助设计、服务、感知实现增值,做到了对新零售模式人、货、场的重塑。

(1) 生活提案:主题区域构建生活场景

茑屋书店以围绕用户生活的场景为主线,以图书为核心,进行商品的组合和延伸。

① 朱桦.创新与魅力:现代日本零售业发展概览[M].上海:上海科学技术文献出版社,2008.

② 日经中文网.日本要在所有便利店引入无人收银系统[EB/OL].(2017-04-19).http://www.cbfau.com/cbf-201547577.html.

③ 殷晖,乔培臻,俞书琪.未来零售:解锁新零售的关键模式[M].杭州:浙江大学出版社,2021.

书店并没有从品类角度按书籍区和其他商品区进行分隔，而是规划主题，将相同主题的商品和书籍摆在同一个区域，使客人在浏览书籍的同时随手就能购买相关商品。比如食谱书附近就能买到牛奶、拉面等食材，旅游书附近则陈列着旅行箱、水杯、一次性毛巾等旅行用品。

书籍的内容本身就和生活紧密相关，再通过主题区域构建的生活场景，使阅读和生活更浑然天成地融合在一起，通过对书籍内容的阅读延伸到对生活方式的追求，再到对相应商品的购买，形成了一条从需求产生到购物行为的闭合流程。

作为日本第一间提供咖啡服务的书店，茑屋书店的咖啡厅提供咖啡和点餐，书籍可以带到这里边用餐边阅读，虽然有可能会造成书籍某些程度的毁损，但茑屋书店的理念是用书籍把人带到这里，要使消费者体验阅读的快乐，所以这种模式让很多人在店里一待就是一整天。

(2) 千店千面：构建不同体验的阅读场景

茑屋书店不同于其他连锁门店千店一面的方式，而是基于地域文化差异，实现"千店千面"，让每一家书店都能为不同读者创造各异的生活体验。

最早设立的代官山店，让茑屋书店被冠以全球最美书店的称号。从涩谷区闹中取静的门店选址，到使用汉字"茑屋"作为店名，到上午 7 点就开始的营业时间，再到提供早餐以及录像带转录等服务，代官山店营造的一切场景都是为了迎合目标客群：50—60 岁的中高产群体，他们的社会财富积累较多，生活品质高，对书店拥有念旧的情怀。

位于北海道的函馆店，定位是"三代人的书店"，为了能够吸引三代人一起进入书店，着重构造家庭和社区的场景氛围。不仅书屋的生活场景延伸到旅行、料理、生活、历史、人文哲学、宇宙科学、艺术、儿童艺术、设计九个主题，还设置了儿童乐园供孩童嬉戏玩耍。店内还设有独具北海道本地特色的火炉，给读者营造了一种在漫天飞雪中围炉读书的浪漫场景。

(3) 专家导购：构建差异化服务

经常逛书店的读者，一般文化修养较高，对信息敏感程度高且有不低的品位，他们不会轻易相信广告，而更相信自己的判断。所以通过互联网大数据分析来预测消费者行为再进行产品推荐的功能，无法满足这部分人群的需求。

茑屋书店聘请了专家级导购代替普通图书推销员，他们都是来自各个领域的专业达人，比如文学类图书的导购是文学评论家，旅游类图书导购是撰写了很多旅游指南的旅行家，还有美学专家为书店的进货品类、商品摆放、活动策划进行专业规划。

导购推荐的不仅是书，更是茑屋书店所倡导的生活方式。书籍、装饰陈设、人文活动所营造的氛围，使得用户自然滋生了对知识的敬畏感和一并产生的精神满足感。对消费者来说，茑屋书店已经不仅仅是一个买书的渠道，更是一个文化输出的全场景。场景中每一位用户都被看作一个独立、复杂的个体，并提供宽松的环境使其能够自然表达。通过发现和归纳不同的个体需求背后具有的共同动机，指导书店在需求层面和产品层面实现创新。

这就好比喜爱歌剧的用户，大概率也会喜爱交响乐和芭蕾舞，与此同时他也有可能会喜爱设计或建筑类图书。基于上述种种线索和动机，茑屋书店认为这些用户对那些具有内在复杂结构且可被精确控制的事物的美感具有兴趣。

围绕这些具备细分差异但整体基调类似的获取知识的需求，茑屋书店提供了包括图书、讲座、展览、书友互动等不同类型的解决方案，再通过“创造”出一些需求，也就是拓展渠道的新库存类目（SKU 类目），来实现“渠道产品”的延伸。

第四节　主要国家新零售的发展政策

产业的培育、发展、规范都与政策的支持息息相关，本节将就中国、美国、日本新零售业态的发展政策进行对比与梳理。

一、中国新零售发展政策

2016 年 11 月 11 日，国务院办公厅公布《关于推动实体零售创新转型的意见》（以下简称《意见》）[①]，以支撑实体零售转型升级。具体来看，《意

① 国务院办公厅.国务院办公厅关于推动实体零售创新转型的意见：国办发〔2016〕78 号[A/OL].（2016-11-11）. http://www.gov.cn/zhengce/content/2016-11/11/content_5131161.htm.

见》为调整商业结构、创新发展方式、促进跨界融合共计提出七类政策措施:第一,加强网点规划,以市场化方式盘活现有商业设施资源,优化网点布局,降低商铺租金;第二,推进简政放权,为企业登记注册、装修改造、户外营销、物流配送提供便利化服务;第三,促进公平竞争,健全部门联动和跨区域协同机制,加快构建生产和流通领域协同、线上和线下一体的监管体系;第四,完善公共服务,开展实体零售提质增效专项行动,构建反映零售业发展环境的评价指标体系,建设商务公共服务云平台;第五,减轻企业税费负担,降低进口关税、降低税费减免认定条件,营造线上线下企业公平竞争的税收环境;第六,加强财政金融支持,发挥财政资金引导作用,同时拓宽企业融资渠道,对实体零售创新转型予以支持;第七,开展试点示范带动,鼓励内贸流通体制改革,发展综合试点城市,突破体制机制障碍,开展智慧商店、智慧商圈示范创建工作,示范引领创新转型。

2019年1月1日,《中华人民共和国电子商务法》(简称《电子商务法》)正式施行,该法明确界定电子商务为“通过互联网等信息网络销售商品或者提供服务的经营活动”。这一概念强调经营活动应通过互联网等信息网络进行,可包括销售商品或提供服务两大类经营活动,符合当前中国线上线下大融合的产业发展趋势。此外,值得注意的是,《电子商务法》和《消费者权益保护法》等法律给予线上消费者比线下消费者更多的权益。[①]例如,在争端解决方面,《电子商务法》规定电子商务平台经营者应积极协助消费者维权,提供原始合同和交易记录,以化解消费者可能存在的举证不能问题;在退换货方面,《消费者权益保护法》赋予了线上消费者七天无理由退货的权利,而线下消费者并无此权利;在合同条款方面,《电子商务法》在《合同法》和《消费者权益保护法》对格式条款规制的基础上,进一步对电子商务经营者就合同成立的格式条款进行规制,禁止电子商务经营者以格式条款的方式约定消费者支付价款后合同不成立。

此外,在地方层面,杭州市商务委于2018年11月发布《关于推进新零售发展(2018—2022)若干意见》(征求意见稿)。围绕电商平台自营线下零售实体、传统零售实体改造升级、电商平台与传统零售企业联合改造现有业态等模式,杭州市重点在以下领域推进各项工作:第一,积极鼓励和推动百

① 姚志伟.系列解读二:线上线下融合背景下《电子商务法》适用范围探讨[EB/OL].中华人民共和国电子商务法专题(2019-01-22). http://www.mofcom.gov.cn/article/zt_dzswf/ImportNews/201901/20190102828939.shtml.

货商场、大型超市、商业综合体、餐饮服务企业、社区便利店等实体商贸零售企业运用互联网、物联网、大数据、人工智能等数字技术全面改造业务流程，推动实体商贸零售转型升级；第二，大力推进线上龙头企业建立线下新零售示范项目，同时为传统零售企业提供技术服务，推进线上龙头企业开展线下新零售业务；第三，针对市、区、居住小区分别展开空间布局规划，以优化新零售业态规划布局，同时打造线上线下融合的新零售示范街区，打造国际化购物天堂的标志性区域，建设国际消费中心城市；第四，设立新零售发展资金，用于线上龙头企业拓展线下新零售业态、传统商贸零售企业的新零售提升改造，以及线上龙头企业与传统商贸零售企业的合作项目，加大对新零售业态的政策扶持；第五，针对新零售业态发展的实际情况创新监管模式，加强部门及地区间协调配合，加强组织保障。

二、美国新零售发展政策

自 1978 年以来，美国先后出台 130 多项涉及互联网管理的法律法规，包括联邦立法和各州立法。在互联网飞速发展的 1996 年，美国出台了《电信法》，明确将互联网世界定性为“与真实世界一样需要进行管控”的领域，它主要涉及保护国家安全、未成年人、知识产权及计算机安全四个方面，明确规定不允许利用互联网宣扬恐怖主义、侵犯知识产权、向未成年人传播色情，以及从事其他违反美国法律的行为。现阶段，美国尚未出台专门针对“新零售”业态的法律条文，但是在联邦政府层面和州政府层面均针对“电子商务”出台了监管条例。

在联邦政府层面，美国对跨境电子商务的监管由美国国土安全部、美国海关和边境保护局、美国邮政服务机构和美国移民和海关执法局等各层面机构共同执行，监管对象涉及进出口商、快递和国际邮政公司、电子商务平台、托运人、报关行、海外仓等利益相关方，监管手段涉及法律法规、行政命令、谅解备忘录等多种形式。①具体来看，美国对跨境电子商务风险监管方面具有以下几个侧重点：第一，针对进出口货物的监管措施。针对货物风险级别不同，美国海关和边境保护局采取分类监管措施。在税收政策方面，美

① Executive Office of the President. Ensuring Safe and Lawful E-Commerce for United States Consumers, Businesses, Government Supply Chains, and Intellectual Property Rights Holders[EB/OL]. (2020-01-31). https://www.federalregister.gov/documents/2020/02/05/2020-02439/ensuring-safe-and-lawful-e-commerce-for-united-states-consumers-businesses-government-supply-chains.

国海关和边境保护局对低值高频货物免征关税,同时要求加强对(基础)信息和数据的采集,以防止对免税条款的滥用。第二,针对进出口商及中介平台的监管措施。建立进口商备案制度和“黑名单”制度,若相关责任人未充分履行和进口相关的责任,其将被美国海关和边境保护局列入“黑名单”,该类实体不具备获得备案编号的资质。第三,对国际邮政机构的监管。美国海关和边境保护局参考国际邮政机构贩运假冒商品、麻醉品和其他违禁品的比率,及其国际邮政机构在降低此类物品贩运比率中发挥的作用等因素,制定国际邮政不合规指标,定期更新合规性分值,发布最低合规分值。未达到最低合规分值的国际邮政机构,则被视为不合规国际邮政机构。根据不合规次数的不同,美国海关和边境保护局将采取不同程度的措施。在电子签名和认证领域,2000 年美国颁布的《全球与国内商务电子签名法》(简称《电子签名法》)旨在“允许和促进自由市场经济中电子商务的继续扩大和发展”,其在多数情况下授予电子签名和书面签名同样的法律效力,但将使用何种签名的选择权授予了消费者,即不要求强制使用和接受电子签名和电子记录。电子签名在该法中被定义为:附在合同和由一方意向签署的记录上,或与合同及记录有机结合在一起的电子声音、图像和过程。该法最大的亮点在于,其建立了无因退货权的理论模型,规定在网络购物过程中的某些特定情况下,消费者享有单方撤销网络交易合同的权利。

此外,美国的电子商务立法,是以各州的立法行动为先导的。犹他州颁布的《数字签名法》是美国乃至全世界范围的第一部全面确立电子商务运行规范的法律文件。此后,美国各个州相继制定与电子商务有关的法律。从数量上看,美国州一级关于电子商务的法律文件已有近百部之多,涉及数字签名、商贸安全、电子公证等。例如,伊利诺伊州设立《电子商务安全法》和《金融机构数字签名法》,佛罗里达州设立《电子签名法》和《数字签名与电子公证法》。美国认为在以因特网为运行平台的电子商务环境下,交易当事人的身份认证是最关键的环节,也是电子商务业务安全发生的重要保障。因此,美国大部分与电子商务相关的法律文件均以“电子签名法”或“数字签名法”冠名。美国各州的电子商务立法不仅名称多样化,内容差别也非常之大。例如,犹他州、伊利诺伊州的电子商务相关立法就电子文件的法律效力、电子签名的法律标准、认证机构的建立等均做出翔实记录;而加利福尼亚州则仅仅就电子商务交易做出原则性规定。

三、日本新零售发展政策

虽然日本政府较早地认识到电子商务对建立日本"电子经济、电子生活、电子社会和电子政府"的重要性,但是 20 世纪 90 年代经济泡沫破灭和电子商务的风险性使得企业难以投入巨资推进电子商务的发展。因此,日本政府对电子商务的推动措施主要体现在制定政策和法规上。尽管目前日本尚未制定专用于规范电子商务和新零售行业的电子商务法律,但是日本已形成了由一套纲领性立法原则和其他具体法律、法规组成的较为完备、规范的法律体系,并且各项立法均与国际法律接轨。具体来看,日本参照《全球电子商务框架》和《欧盟电子商务倡议》制定了《高度信息通信网络社会形成基本法》[①](以下简称"基本法"),该法明确了建设高度信息网络社会的基本原则是:以企业为主体,中央政府、地方政府及公共团体明确分工,采取有关措施,改善环境,消除地理、年龄和身体健康状况导致的不利于信息化的障碍,使每个人都有平等的机会使用信息网络。广泛开展电子商务是建设高度信息网络社会重点计划的主要内容之一。

以"基本法"为核心,日本围绕消费者权益、公平交易、隐私保护、产品安全、技术标准等新零售业态出现的新问题出台了一系列相关法律,例如:保障消费信息权利的《电子签名与认证服务法》,针对互联网交易的《消费者合同法》,设定合同冷却期的《特别商业交易法》,保护网络隐私权的《个人信息保护法》,打击虚假广告的《不良网站对策法》。此外,日本还对大量法律进行了修改和完善:针对电子认证问题修改了《公证人法》和《商业登记法》,针对电子合同问题修改了《证券交易法及金融期货交易法》,为应对网上商事行为合法性问题修改了《商法》,针对网络竞争问题再次修改《反不正当竞争法》。

本章小结

数字技术和移动设备的出现拓展了消费者购物和社交模式,并在各国催生出电商零售及社交网络零售等新零售业态。第一,从发展规模来看,目前中国零售业增速较高,业务规模基本与美国持平,新零售业务规模的增速

---

① 资料来源:高度信息通信网络社会形成基本法:平成十二年法律第百四十四号[A/OL].(2000-12-06). https://elaws.e-gov.go.jp/document?lawid=412AC0000000144。

领先于其他国家。美国零售业务保持稳步增长的态势,新零售业务的重要性正快速上升。日本和德国零售业销售额增长缓慢,新零售的增长速度及在零售总额中的占比均处于较低水平,零售业的数字化转型面临较大困难。第二,从发展阶段来看,新零售业的演进方向继承传统零售业的发展路径,根据技术和市场环境的变革逐步演变。由于各国的经济、文化、历史及观念等存在明显差异,几个核心经济体经历了迥然不同的发展阶段。第三,从商业模式来看,中国新零售生态系统以消费者为中心,线上线下为两翼,由数据、供应链、物流、支付、金融组成,具有数字化、全场景化、平台化、移动化、行业细分化等特征。与传统零售业态相比,美国新零售业态的交付模式拓展至"点击提货"和"路边提货",交付时间大幅缩减,交付内容进一步丰富至虚拟产品和二手物品,企业品牌营销渠道拓展至社交网络媒体等多元化模式。对日本来说,便利店仍然是日本零售业的主流模式,打造全新的"线上+线下"零售模式,逐步形成"社会基础设施型零售业"。此外,日本零售企业坚守提升信赖、品质、便利性的基础,重视用户体验,呈现从"买货"到"体验"的变化。第四,从发展政策来看,中国分别从中央和地方两个层面通过法律法规、指导意见、行业条例等方式支持新零售的发展,其政策措施涉及商业结构调整、发展方式创新、促进各行业合作、消费者权益保护、新零售交易便利化等。现阶段,美国尚未出台专门针对"新零售"业态的法律条文。在联邦政府层面,美国对跨境电子商务的监管对象涉及进出口商、快递和国际邮政公司、电子商务平台、托运人、报关行、海外仓等利益相关方,监管手段涉及法律法规、行政命令、谅解备忘录等多种形式。在次中央政府层面,美国州一级关于电子商务的法律文件已有近百部之多,涉及数字签名、商贸安全、电子公证等。日本政府对电子商务的推动措施主要体现在制定政策和法规。尽管目前日本尚未制定专用于规范电子商务和新零售行业的电子商务法律,但是日本已形成了由一套纲领性立法原则("基本法")为核心和其他具体法律、法规组成的(涉及消费者权益、公平交易、隐私保护、产品安全、技术标准等新零售业态出现的新问题)较为完备、规范的法律体系,并且各项立法均与国际法律接轨。

第三章
中国新零售的新表现：特质与亮点

新冠肺炎疫情严重影响着中国宏观经济发展，甚至诱发中国宏观经济的结构性变化。此次疫情严重冲击着传统的线下行业如餐饮、酒店娱乐和交通物流等行业，而在线教育、在线办公、在线直播等线上行业的发展却表现亮眼，尤其值得关注的是自 2016 年以来得到快速发展的新零售行业在此次疫情中的表现异常出色，线上、线下、物流深度融合的新零售行业在疫情期间迎来增长高峰。疫情下的新零售行业呈现出新特征、新模式和新趋势，国家和地方纷纷制定相关政策，恰逢其时地助推新零售行业的深度发展。

第一节　疫情下中国新零售的新特征

新冠肺炎疫情的暴发给中国传统零售业带来巨大冲击，也加快了传统零售向新零售转换升级的进程。疫情重塑了零售业的需求侧结构，日用商品零售大幅增长，也推动了新零售供给侧结构的调整，大部分行业将目标转向保障国内市场。网上零售高速发展，国内电商平台强势崛起，兴起了一大批聚焦生鲜、日用品消费的企业，涌现出一系列社区团购、直播电商等新业态。

一、需求侧结构重塑，零售业面临“大洗牌”

从中国社会消费品年度零售额来看，疫情下中国社会消费品零售规模出现收缩，增速由正转负。如图 3-1 所示，国家统计局数据显示，2016—2019 年，中国社会消费品零售总额逐年上升，由 332 316 亿元增长至 411 649 亿元，年平均增长率高达 8.2%。2020 年，受新冠疫情的冲击，中国社会消费品的零售总额出现大幅下降，减少至 391 981 亿元，五年来零售额增速首次出现负值，同比增长率为−4.8%。疫情改变了国民的出行方式，新的生活状态和工作形式让居民的消费机会和欲望大大降低，严重影响了消费品零售的发展。

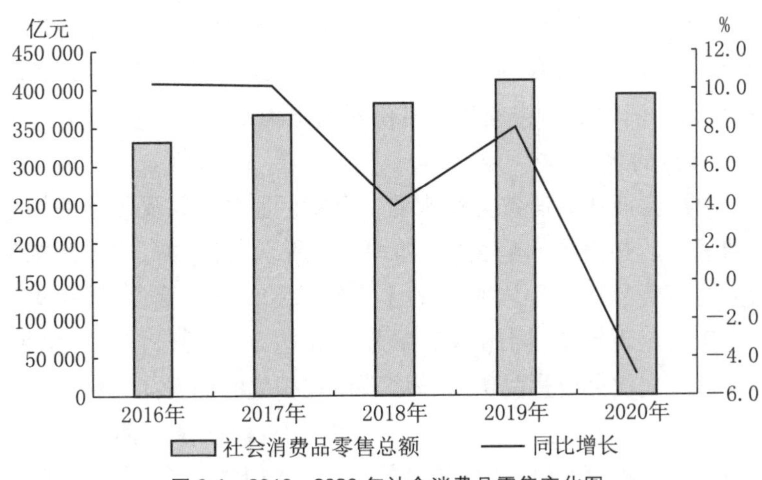

图 3-1　2016—2020 年社会消费品零售变化图

• 资料来源：国家统计局。

从中国社会消费品月度零售额来看，2020 年前两个季度受疫情影响更为严峻，后两个季度得以逐步恢复。如图 3-2 所示，国家统计局数据显示，2020 年 1 月至 7 月，中国社会消费品零售额均为负增长，特别在新冠疫情初期的 1 月至 2 月，中国社会消费品零售额同比下降 20.5%。这两个月份是中国的春节，本应是中国社会消费品零售的旺季。受疫情影响，国民串门走亲戚的行为方式弱化，加剧了中国社会消费品的萎缩。2020 年的 3 月至

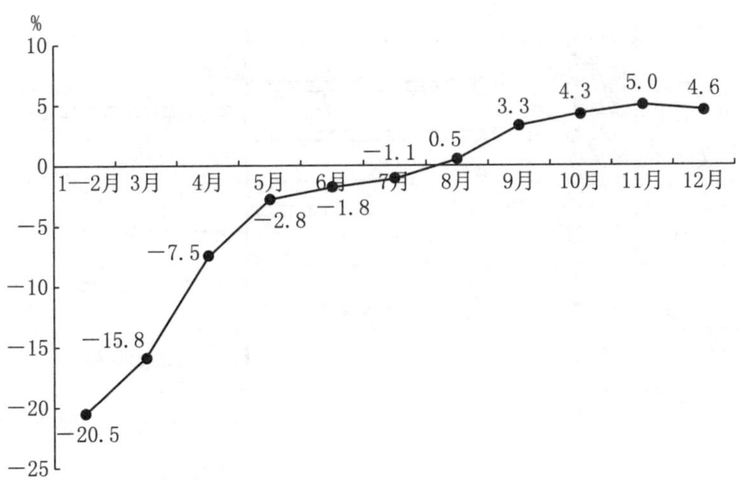

图 3-2　2020 年社会消费品月度增长率变化图

• 资料来源：国家统计局。

7月，虽然中国社会消费品零售额仍处于同比负增长，但下降速度出现衰减，同比增长率由－15.8%提高至－1.1%。2020年下半年，中国疫情得到有效缓解，社会消费品零售额从8月份开始出现正增长，在最后一个季度维持在4%—5%的水平。

从中国社会消费品消费类型来看，新的生活方式以及餐厅的短暂停业状态推动了生活必需品的购买力，如图3-3所示，蔬菜肉蛋、米面粮油等与民生相关的消费品成为中国零售的主力军。2020年，粮食、食品类以及饮料类零售额均出现增长，同比增长率分别高达5.2%和9.3%。化妆品类、日用品类以及文化办公用品类等与居家模式相关的消费品零售额也出现增长，同比增长率分别高达13.6%、6.4%和8.0%。居家生活还带动了居民对互联网的高需求，包括线上娱乐、线上直播、线上社交等活动方式，进而推动了通信器材类消费品零售的大幅度增长，同比增长率高达15.0%。相反，非必需品消费出现大幅下降。建筑及装潢材料类、石油及制品类、家具类、金银珠宝类、服装鞋帽及针纺织品类等零售额都呈现下降趋势，同比增长率分别为－15.1%、－15.0%、－18.9%、－8.8%、－8.5%。值得注意的是，中医药品类的全年零售额出现负增长。国家统计局数据显示，中医药品类的零售仅在疫情暴发初期出现"井喷"式增长，但随着疫情的缓和，中医药品类零售额出现下降。究其原因，主要由于疫情初期刺激了口罩等防护服的巨大需求。虽然，随后口罩等防护服的零售依然保持高位，但由于居民交

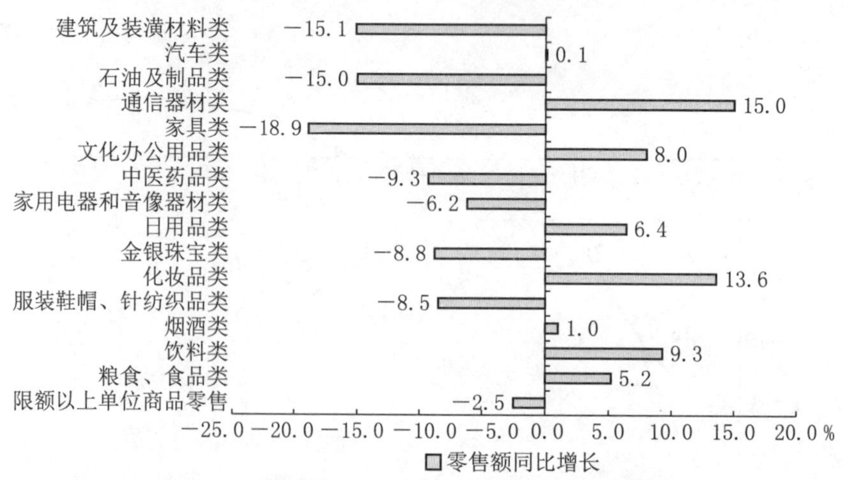

图3-3 2020年不同类型的社会消费品零售同比增长率

• 资料来源：国家统计局。

流机会较少以及出行必戴口罩的生活方式大大降低了其他流行病的患病概率,使得中医药品类的需求大幅减少。

二、工业生产大幅萎缩,供给侧结构调整

疫情暴发初期,中国的工业生产大幅萎缩,供给和需求存在短暂性结构失衡。2020 年的第一季度,中国经济出现停摆,工业生产严重受挫。同时,受经济下行压力、内外需疲软以及行业结构调整等多重因素影响,大量生活必需品断供,甚至出现预约排队购买的现象。如图 3-4 所示,2020 年的第一季度,中国医药制造业、纺织业、食品制造业、农副食品加工业等工业增加值均出现负增长,同比增长率依次为−2.3%、−16.8%、−7.9%、−11.1%。随着中国生产逐步恢复,消费品工业生产增速回暖。从全年数据来看,除农副食品加工业为负增长外,其他均呈现正增长,医药制造业、纺织业、食品制造业的同比增长率为 5.9%、0.7%、1.5%。虽然,自中国的疫情防控取得阶段性胜利以来,以内循环为主的政策使得国内生产与消费得以提振,但行业整体尚未恢复至 2019 年末水平。

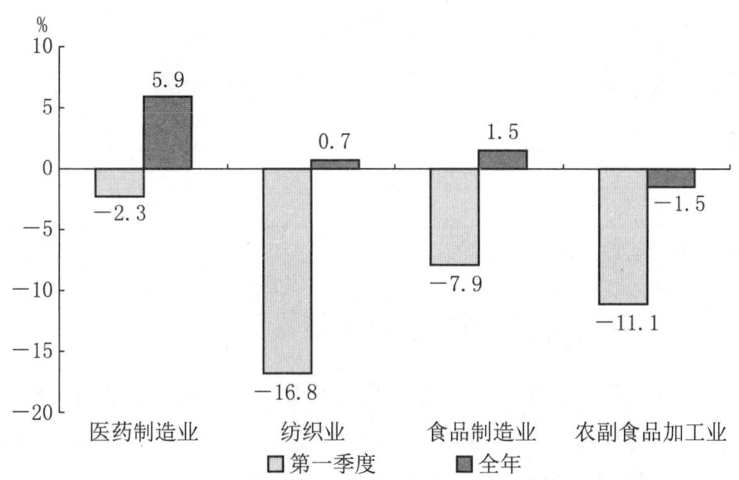

图 3-4　2020 年第一季度和全年主要工业增加值同比增长率

• 资料来源:国家统计局。

除医药制造业外,消费品工业子行业的出口交货值均出现同比负增长,尤其是服装、家具、玩具、皮革制品、部分农副食品等产品出口受疫情的影响突出。由于疫情防控需求,部分产业纷纷转向供给和保障国内市场,加上新

冠疫情导致国际航运交通的停滞，使得中国大量商品的出口交货值出现一定程度下降。随着中国疫情防控取得阶段性胜利，国际物流渠道开始逐步恢复，食品、家具制造、纺织、橡胶和塑料制品、文教工美体育以及娱乐用品制造等行业出口增速较 1—3 月均有明显回升。同时，国际疫情持续蔓延带来相关消费恢复缓慢，烟草制品、化学纤维制造、造纸及纸制品业等出口的负增长较 1—3 月进一步扩大，但医药制造业出口交货值维持加速增长，1—10 月同比增速达 32.2%。

表 3-1 2019 年和 2020 年主要消费品行业出口交货值累计增速

行 业	2019 年 1—10 月	2019 年 1—12 月	2020 年 1—3 月	2020 年 1—10 月
农副食品加工业	2.4	2.4	−6.9	−5.2
食品制造业	4.6	6.1	−7.4	−0.8
酒、饮料和精制茶制造业	−3.6	−1.0	−12.4	−8.0
皮革、毛皮、羽毛及其制品和制鞋业	−0.6	−1.7	−25.3	−243.0
木材加工及木、竹、藤、棕、草制品业	−2.9	−2.3	−14.0	−7.6
家具制造业	−1.2	−2.4	30.4	−12.9
造纸及纸制品业	4.7	3.4	−7.3	−11.9
印刷和记录媒介复制业	4.0	3.1	−17.4	−9.0
文教、工美、体育和娱乐用品制造业	4.2	3.5	−20.9	−10.4
橡胶和塑料制品业	1.7	0.2	−15.5	−2.8
烟草制品业	7.2	3.0	−10.9	−53.2
纺织业	−1.2	2.4	−20.2	−11.2
纺织服装服饰业	−1.6	−2.1	−23.4	−19.8

• 资料来源：国家统计局。

三、电商平台强势崛起，新零售呈现新景象

疫情前，传统零售业的衰落现象就已出现，店铺租金和人工费用的持续上涨不断压缩传统零售的利润空间，而疫情的暴发加剧了传统零售业不景气的局面。随着信息化和网络化的普及，人们消费的方式不再局限于线下门店，线上分流使得线下门店的客流不复以往。在过去几年中，全球零售业业绩下滑、门店关闭等消息屡见不鲜。与之相反，电商平台却在以不可小觑的速度强势崛起。如图 3-5 所示，2010—2019 年，中国网络零售交易不断上升，网络零售规模由 5 000 亿元增长至 106 324 亿元，网络零售占社会消费品零售总额的比重由 3.3%上升至 25.3%。2020 年，中国网络零售规模

高达 117 601 亿元，占比上升至 30%。这些数据表明网络零售交易已经成为社会消费品交易的重要组成部分并正在不断发展壮大。

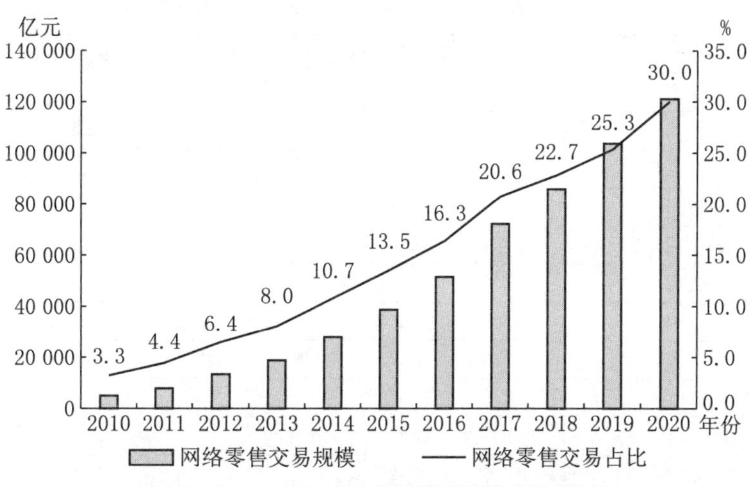

图 3-5　2010—2020 年中国网络零售规模及其占比

• 资料来源：中国商务部。

从月度累计增长率来看，中国实物商品网上零售在疫情暴发初期也遭受过严重的冲击，增速大幅度放缓。随着疫情有效缓解，中国实物商品零售额出现爆发式增长。1—3 月，中国实物商品的网络零售总额为 18 536 亿元，同比增长率仅为 5.9%。第二个季度，从 5 月份开始，中国实物商品零售额有着明显的增长，1—5 月中国实物商品网络零售总额达 33 739 亿元，同比增长率超过 10%。第三个季度是中国实物商品网络零售额的井喷期，1—9 月中国实物商品的网络零售总额达 66 477 亿元，同比增长率高达 15.3%。从各地区网络零售占比看，东部地区依然是中国新零售的主要消费地。2020 年，东部地区网络零售额占比高达 84.5%；其次中部地区网络零售额占比达 8.4%；西部地区网络零售额占比 5.7%。而东北地区网络零售能力较弱，占比仅为 1.4%。而且，全国网络零售的店铺也主要分布在东部地区，占比高达 61.6%；其次中部地区占网络零售店铺的 16.6%；西部地区占网络零售店铺的 16.3%；东北地区占网络零售店铺的 5.5%。从网络零售的类型看，日用消费品成为新冠疫情下中国网络零售的主要商品，服装鞋帽和针纺织品、日用品、家用电器和音像器材的网上零售总额排名前三，交易额分别占实物商品网络零售额的 22.3%、14.5% 和 10.8%，通信器材、粮油和食品、文化办公用品的零售额分别占实物商品网络零售额的7.6%、6.7%、6.3%。

表 3-2 2020 年各月中国实物商品网络零售总额

月 份	实物商品网络零售总额(亿元)	同比增长率(%)
1—2 月	11 233	3.0
1—3 月	18 536	5.9
1—4 月	25 751	8.6
1—5 月	33 739	11.5
1—6 月	43 481	14.3
1—7 月	51 018	15.7
1—8 月	58 651	15.8
1—9 月	66 477	15.3
1—10 月	75 619	16.0
1—11 月	87 792	15.7
1—12 月	97 590	14.8

• 资料来源:国家统计局。

主打生鲜产品的新零售企业飞速增长,线上新注册用户量大幅增加。新冠疫情使得很多消费者不再外出购买蔬菜水果,而是选择线上下单、送货到家服务,由此引发网上订单激增。很多之前愿意去线下门店采购的消费者也转而成为电商平台的新用户。仅在春节期间,多点和叮咚买菜 App 的

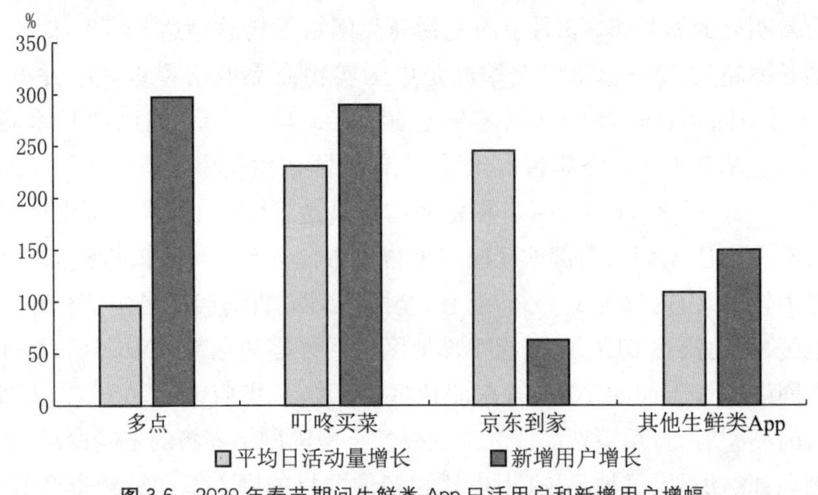

图 3-6 2020 年春节期间生鲜类 App 日活用户和新增用户增幅

• 资料来源:朱忆郎,胡永铨.新冠疫情背景下新零售发展模式分析——以盒马鲜生为例.现代商业,2021(16)。

新增用户数量就达以往的 3 倍。而且，叮咚买菜和京东到家的日常活跃用户数达平时的 2.5 倍。根据达达集团提供的数据，2020 年春节期间，京东到家全平台销售额相比去年同期增长 470%；除夕至大年初六，蔬菜销售额同比去年增长了 510%，水果同比增长超 300%，鸡蛋增长 770%，乳制品增长 370%，水饺、馄饨等速冻食品销售额同比增长 790%。生鲜电商成为疫情期间起作用最直接最显著的电商平台之一。同时，平台经济也涌现了一大批新的业态，包括社区团购、电商直播、地摊经济等。

第二节　疫情下中国新零售的新模式

疫情冲击着人们的生产和生活常态，也深刻影响了人们的思维意识与行为习惯，以人工智能、大数据等新技术为基础的消费新业态、新模式加速发展。大多数城市居民在一夜之间对"线上买菜""社群团购"这种新消费习惯亮起绿灯，基于社群成员相互之间的信任建立起来的社群营销群带来持续增长的用户流量，商业效益大幅提升。疫情促使诸多媒体行动发生变革，衍生出新的信息交互模式，激发了原有网红经济与传统电商的深度融合，直播带货异军突起，极大冲击了传统线下销售模式。

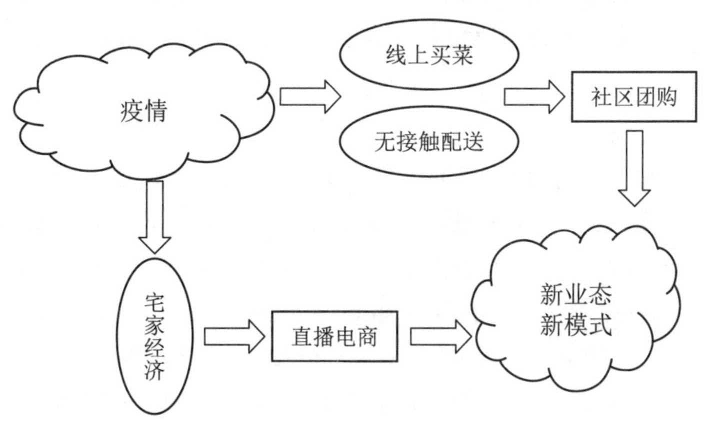

图 3-7　新业态新模式形成的概念图

• 资料来源：笔者自绘。

一、社区团购的迭代更新

社区团购伴随着互联网信息技术的深度发展而生，疫情的暴发则加速了社区团购的迭代。居家生活方式与社区团购模式高度契合，许多线下用户不断转向线上购买，以生活必需品为主的消费品类成为社区团购的主要商品。社区团购形成的“上游供应商—社区团购—下游社区用户”的供销网络使得零售成本大幅缩减，这也是线上用户选择社区团购的主要因素。随着社区团购发展的日益成熟，逐步形成“宝妈＋社群”和“店长＋社群”的新模式，而且这两大模式在疫情之后仍在高速发展。

（一）社区团购萌芽已久

社区团购的模式萌芽已久。自 2015 年，虫妈邻里团在上海设立自提点，农特微商相继成立，社区团购就开始出现。2016 年，社区便利店兴盛优选入场，社区团购模式快速发展，库存量单位(Stock Keeping Unit, SKU)品类快速扩充。2018 年，十荟团、食享会等多平台成立，二线城市如长沙等成交量加速爆发。2019 年，社区团购行业进入洗牌期，松鼠拼拼、呆萝卜等平台退出市场或被并购，市场份额进一步向头部平台集中。虽然，疫情导致中国经济出现短暂的“停摆”，对 2020 年经济具有显著的负面影响，但同时催生了新零售的转化迭代，特别是聚焦日用消费的社区团购成为其间国民消费的主要方式。为进一步拓宽线下流量获取渠道，美团、拼多多、京东、阿里等互联网巨头纷纷入局，先后成立美团优选、多多买菜等，有些还入股兴盛优选和增持十荟团股份。

社区团购是让经营人员进到小区销售市场开展营销推广，建立 App 和小程序等社区商业平台连接社群和商户，利用平台将商户信息充分展示加上配送等服务来达成供应链管理与吸引客户的新零售模式。社区团购不仅提升了居民购买日用消费品的便捷度，也在社区里营造线上线下全渠道的购物服务体验。其一，社区团购的零售商品都是生活必需品，包括食物、日用品等，能够满足广大居民的需要。其二，社区团购模式相对简单，可以快速起量，能够在疫情影响下快速复制到各个小区。其三，社区团购所采用的“预售＋自提”的方式能够有效实现无接触配送，在发挥配送成本低的优势的同时避免人群接触，与疫情的防控需求相契合。根据《2020 上半年中国社区团购行业专题研究报告》显示，2020 年社区团购市场发展迅猛，市场规模达 720 亿元，到 2022 年中国社区团购市场规模有望达到千亿级别。社区团购作为主攻社区市场的模式，品类密切贴近小区居民的需求和偏好，用户主要在社区团购平台购买水果生鲜、粮油调味及零食饮料等品类的商品，食品生鲜和日用品成了社区团购的主要零售商品。

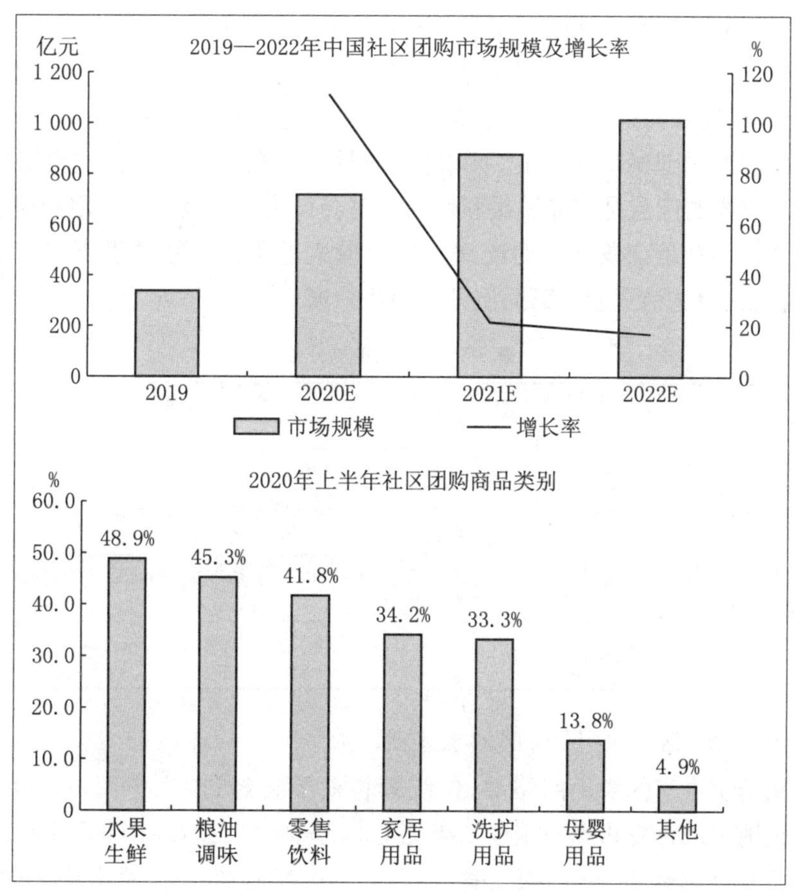

图 3-8 中国社区团购发展及其商品类别

• 资料来源：艾媒数据中心。

（二）社区团购日渐形成多种模式

按团长角色模式可以将社区团购分为两类。一是“宝妈＋社群”的模式。这个模式的优势是不存在线下门店，运营成本低。而且，宝妈更贴近用户，用户信任度和黏性高，可覆盖范围广。但缺点是社区团购业务容易因为宝妈个人时间分配而中断。二是“店长＋社群”。这个模式的优势是拥有线下门店，团购和售后服务有保障，拓展团长快且稳定，而且拥有一定客户资源，能够相互引流。由于其零售模式稳定，所以容易输出标准化服务。但缺点是店长积极性需要通过收益增幅调动，而且店铺生意占用大部分时间，将会挤占社区团购的时间。按商品供应链模式可以将社区团购分为三类。一是销地仓直接配送给用户。这一模式是在当地的批发市场建立仓库，自配送或外包配送到当地社区,在社区内自提或者送货上门。该模式的优势是没有线下店,只专注线上运营和维护,能够极大地减少零售成本。但由于缺乏壁垒,难以保持运营品质。二是生产企业供应并配送给用户。这一模式是产地落地配到销地城市仓,城市物流到社区,在社区内自提或者送货上门。该模式的优点是产品质量和适配效率会很高。但缺点是与用户建立信任难度大。三是前置仓即时配送。这一模式是用户在社群里下单半小时内,商户就能从前置仓将商品出库送到用户家里。

表 3-3 社区团购的分类

	类　型	特　　征
按团长角色分类	"宝妈+社群" "店长+社群"	家庭主妇扮演团长角色 商铺店长扮演团长角色
按商品供应链模式分类	销地仓直接配送给用户	当地批发市场建仓,自配送或外包配送到当地社区,在社区内自提或者送货上门
	企业供应并配送给用户	产地落地配到销地城市仓,城市物流到社区,在社区内自提或者送货上门
	前置仓即时配送	用户在社群里下单半小时内,商户就能将商品从前置仓出库送到用户家里

(三)社区团购供销网络大幅收缩

从传统零售的供销网络看,传统零售商品在经过"生产商—产地采购商—销地一级批发市场—销地二级批发市场—零售终端经销商"环节后,其总加价率高达到 92%,总损耗率达 27%,其中产地采购商、销地多级批发市场、零售终端经销商加价幅度达 80%,损耗总计 25%。从不同类别商品加价看,海鲜、蔬果品类总加价最高,分别为 111%和 95%,禽蛋、肉类总加价幅度亦超过 60%,其中海鲜、蔬果、肉类、禽蛋经销加价幅度较大,分别达 55%、50%、35%、20%。即使考虑生产商必要的加价空间,在保证良好的履约效率基础上,降低经销环节加价幅度成为降低商品价格的关键。

社区团购形成"上游供应商—社区团购—下游社区用户"这一供销网络能够极大压缩生鲜等零售商品经销环节,减少加价幅度,降低商品价格。社区团购的供应商包括产品供应商和服务供应商,产品供应商主要负责产品生产和采购,服务供应商主要负责产品的物流。社区团购环节主要涵盖社区团购的平台以及团长或宝妈。平台主要负责产品的选购服务和售后服务,提供品牌、商品、技术、配送服务,以及招募团长(多为宝妈)和分发佣金。团长主要负责产品的引流和促销。社区团购用户在微信形成社区团购群体，购买后到线下社区商铺自提。社区团购模式通过直接履约将经销环节费用率控制在15%—17%之间，而前置仓模式、O2O超市模式及社区生鲜模式由于要承担人工成本、场地租金、水电及其他成本，费用率分别为26.1%、18.5%、17.8%，皆高于社区团购模式。

社区团购供给模式较为稳定，供给能力大幅增长。首先，社区团购具有商品大批量销售溢出的规模效应，使得该模式成为供应商不可忽视的重要销售渠道。其次，消费者履约具有计划性，即供应商拥有至少12小时的商品送达时间，供应范围半径扩大。再次，借助共享仓，商品资源可实现跨区域调配，丰富商品品类，保障商品供给。最后，借助平台大数据分析能力，可以模拟用户消费需求，探寻用户消费规律，从而指导供应商备货以及上游生产资源的优化配置。

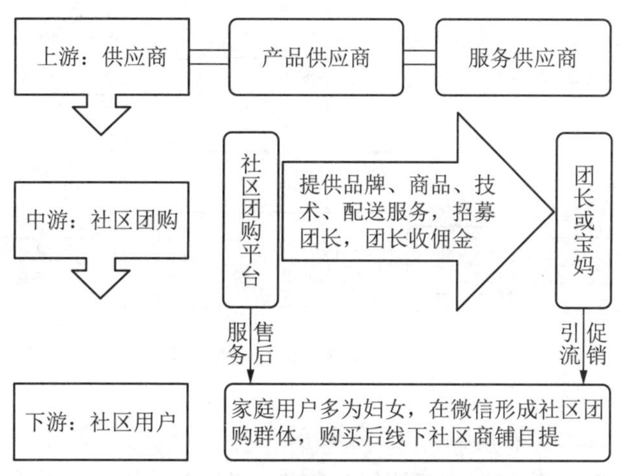

图3-9　社区团购的供应网络

（四）社区团购运营逻辑更为简单

社区团购运营包括三大环节：货品和供应商的筛选、团购信息发布、成功拼团后货物的配送，如图3-10所示。由于互联网平台拥有强大的数据收集和整合能力，平台企业可以通过大数据分析家庭消费需求，并基于分析结果进行货品与供应商的筛选。社区团购是线上线下高度融合的新零售模式，包括商家（平台）、店主（业主）和社区居民三大主体。商家（平台）的功能主要是后台管理，包括团长管理、按批发货、处理提现、商品商家管理、订单管理、会员管理等。店主（业主）的功能是管理社区店和App，包括确认收货、自提核销、处理提现、查看佣金、申请自提以及业绩查询等。社区居民在平台购买商品,包括进入门店、挑选、结算、自提或选择配送、售后评价等。商家在选定货源后,在互联网平台可通过两种路径进行售货。一是在团购平台上发布普通商品的团购信息供消费者直接选购,并由平台直接配送到家;二是发布拼团品并招募社区团长,由团长运营社群。团长在社区微信群中以预购拼团的模式推广所销售产品,收到拼团消息的业主根据自身需求自主下单。拼团成功后,平台按成交额的一定比例向社区团长支付佣金,并为社区团长提供配送支持服务,消费者直接从团长手中自提商品。

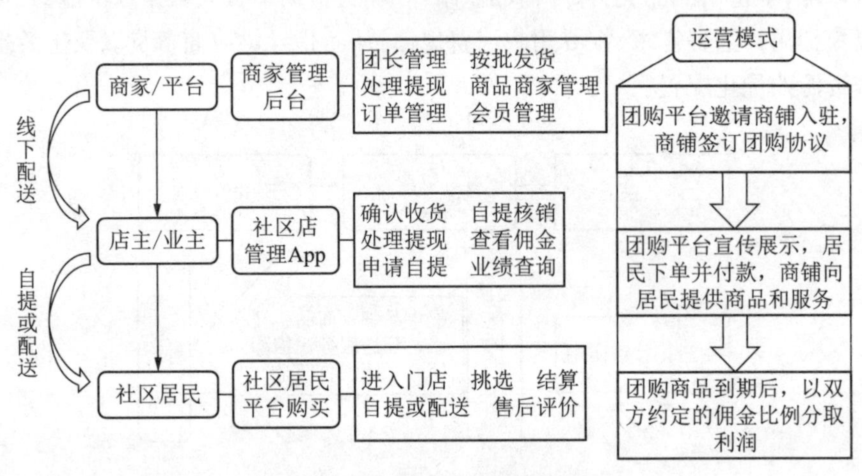

图 3-10 社区团购的运营逻辑

(五)社区团购极具特色与优势

第一,社区团购存在交叉网络外部性。即,上游供应商的交易量和供货质量会对客源是否稳定产生显著影响,消费者效用也会随着供应商数量的增加而增加。社区团购也存在价格不对称特征。双边市场结构下,平台企业的利润来源为供需双方,因此他们可以通过补贴等形式向消费者展示零或者负的价格,从而更迅速地吸引客源,提高市场份额。第二,社区团购行业技术壁垒较小。互联网平台企业推动了社区团购的线下线上一体化发展,这一定程度上解决了市场信息不对称问题,极大缩短了商品的供应链,简化了企业的经营流程,提高了交易效率。但从本质上讲,社区团购只涉及售货渠道创新,基于微信群、微信小程序与原有 App 开展线上业务的运行机制几乎未涉及技术创新,社区团购这种“供应商—平台—消费者”的运行模式简单易复制，只要有足够的流量导入，新企业的进入壁垒较低。第三，社区团购的运营成本显著低于其他零售渠道。由于中间环节的减少和社区团长的存在，社区团购呈现出低成本的特点。面向上游，互联网平台企业直接与供应商合作，进货成本较低。面向下游，互联网平台企业向消费者开启预售模式，库存损耗相应减少，平台履约成本远低于传统零售商。而且，互联网平台企业以支付佣金的方式招募社区团长，相较于专门聘用与培训员工进行推广销售和货物配送的传统零售，渠道的投入更低。绝大多数补贴商品和生鲜商品的返佣比例仅为成交额的 3%—5%，仅有少部分商品能够达到 10%。此外，团长与群内消费者均为同一社区居民，物理距离的邻近与邻里关系增强了团长与消费者之间的亲密关系和互动性，使团长获得更高的信任度，这种邻里关系带来的高信任度在提高消费者下单率、降低平台获客难度上发挥着积极作用。

（六）社区团购的案例解析：美团优选

2020 年 7 月 7 日，美团宣布将成立“优选事业部”并推出“美团优选”业务，正式进军社区团购。美团优选主要针对下沉市场，采取“预购＋自提”的模式。美团优选成为美团在“Food＋Platform”的战略聚焦下，在本地生活服务领域又一次新的场景探索。同时，美团优选推出“千城计划”，旨在年底前实现全国覆盖，并逐步下沉至县级市场，为更多社区居民提供便利、实惠的商品和服务。

美团优选通过自建和加盟的方式，在全国构建“大仓库—网格化仓库—线下服务门店”的运营体系和物流配送。在上游，美团优选对接产地和供货商，引进质优价廉的生鲜食材及日用品。在下游，美团优选通过赋能社区便利店、宝妈等团长人群，服务社区居民。美团优选在全国范围内招募团长、供货商、仓库和配送人员及人力资源服务商等第三方合作伙伴。美团优选的迅猛扩张主要源于其强大的基础优势。第一，近二十年，美团的团购、外卖等业务积累了强大的执行能力和组织能力，以及在下沉市场的开拓能力。第二，美团优选对生鲜零售领域进行了战略规划，并坚定投入足量

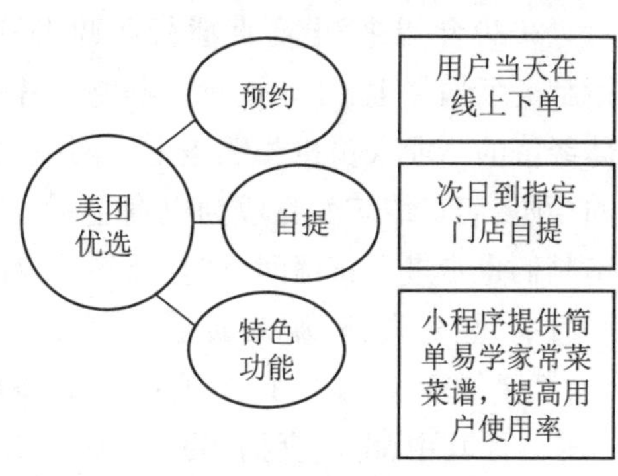

图 3-11　美团优选的运营模式

资源,从长期视角评估投资。第三,美团优选拥有成熟的线上需求、线下配送、仓储、供应链等同城零售产业链,以及在生鲜零售领域探索、投资和布局供应链上下游资源的能力。第四,美团优选为团长人群提供了“四重保障”措施,包括有竞争力的佣金和奖励,完善的培训体系,质优价廉的商品及售后支持。

二、直播电商的异军突起

早在2015年直播电商就开始出现,成为中国电子商务的新模式。疫情催生了“无接触式购物”的浪潮,带动了直播经济的高速发展。直播电商的出现重塑了国内新零售行业的格局,重构了人、货、场的要素结构,其互动式零售场景广受居民热捧。直播电商的运作模式日益多元化,形成电商平台镶嵌直播、以直播为主打内容的电商平台以及“短视频+电商”等模式。未来,娱乐化直播电商将成为新零售的热点。

(一)疫情引爆直播电商

2015年,直播开始在国内兴起,在一定程度上为直播电商的发展奠定了基础,促进了直播电商行业的良性发展。2016年3月,淘宝直播开始试运行。2017年,快手开启“直播+带货”模式。同年7月,苏宁App上线直播功能。2018年3月,亚马逊开启网络直播服务。抖音在短视频以及直播中也进行大规模的电商带货。同年12月,抖音购物车功能正式开放申请。两年中,更多以动态媒体为主的平台在完成了初期用户流量积累之后,纷纷扩充业务,开发基于直播的电子商务平台。2019年11月,拼多多初次尝试直播带货。2019年12月,腾讯看点直播宣布“引力波”计划。2019年12月,小红书宣布即将正式上线电商直播。同年,微信公众号首次尝试直播带货。

2020年以来,电商直播行业迎来发展新机遇,直播卖货一度火爆。新冠肺炎疫情催生了“无接触式购物”,并带动了直播经济的高速发展,大批实体经济的从业人员也相继走上了网络,变身网络主播。线下商场、实体书店的柜姐、店员统统变身成为电商主播,企业老板亲自下场带货,明星、县长、市长们也走进了直播间。“直播经济”在各个领域开花,除了电商直播外,教育直播、健身直播、游戏直播等都受到了消费者的追捧。CINNIC数据显示,截至2020年12月,中国网络直播用户规模达6.17亿,占网民整体的62.4%。其中,电商直播用户规模为3.88亿,占网民整体的39.2%。企查查数据显示,截至2020年9月,中国新增直播相关企业注册数量为23 308

家，累计注册有 44 568 家；2020 年新增直播企业注册数量较 2016 年增长 10 倍，现有直播企业数量是 2010 年的 112 倍。中华人民共和国商务部统计的数据显示，2020 年上半年，全国电商直播超 1 000 万场，活跃主播数超 40 万，观看人次超 500 亿。2020 年 5 月，由央视主持人组成的“央视 boys”与国美零售合作直播带货。根据毕马威、阿里研究院综合预测，2020 年中国直播电商整体规模突破万亿元，达 10 500 亿元，2021 年直播电商规模将接近 2 万亿元，渗透率可达 14.3%。

网络直播为商家和消费者搭建了一个桥梁，扩大了传统行业的销售半径，使实体店铺与线上直播实现融合。电商直播在推动网红品牌、MCN 机构崛起的同时，也在为地方经济发展、扶贫等工作产生带动作用。如淘宝推出的“村播”，快手发起的“百城县长，直播助力”等。电商下沉至乡村中，不仅丰富了消费者的选择渠道，还促进农副产品突破空间的阻碍“走出去”，为脱贫攻坚与村庄复兴赋能，为农民致富、全面小康开拓出新的路径，从而实现多赢。

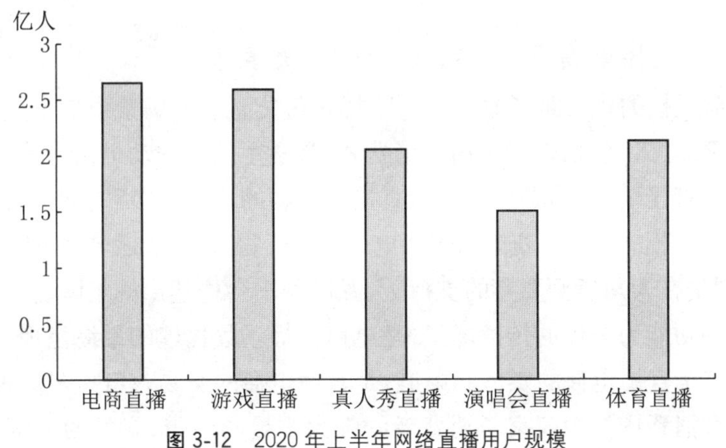

图 3-12　2020 年上半年网络直播用户规模

• 资料来源：中国互联网信息中心。

（二）成熟品类成为直播电商的热销商品

中国国际电子商务中心研究院发布的《2021 年中国直播电商产业研究报告》显示，成熟品类包括服饰鞋包、美妆护肤具有较高的渗透率，渗透率分别达 35.6%和 27.6%。主要由于成熟品类商品具有客单价低、复购率高、毛利率高等特征，故而成为直播电商的热销商品。而在疫情的影响下，生鲜食品、家电数码等成为成长品类的商品，其渗透率和成交金额都有着快速的增长。家具家装、图书音像、汽车、本地生活等商品的直播发展难度大，直播渗透率较低。因此，未来直播热销商品将形成“哑铃型”的结构，即刚需、高频、低价的消费品与高标价、低复购率、关注许久的商品将受到直播电商用户的青睐。

表 3-4　2020 年直播电商各类型商品渗透率

类　别	商　品	渗透率
成熟品类	服饰鞋包	35.6%
	美妆护肤	27.6%
成长品类	生鲜食品	16.9%
	家电数码	14.6%
新品类	家具家装	3.6%
	图书音像	1.5%
	汽车	0.1%
	本地生活	0.1%

• 资料来源：阿里研究院、毕马威。

（三）直播电商重构“人、货、场”三大要素

电商直播的核心是场景。人、货、场是带货直播间场景中最主要的三大构成要素。“人”包括带货主播和消费者，带货主播是推动电商直播、吸引观众观看的直接要素，消费者即观看直播并购物的用户。“货”，即带货直播间的商业运作模式，是电商直播中“电子商务”得以正常运转的根本逻辑。“场”，则是在人与货两要素的支持下，互联网平台构建出的集购物、直播、交流等多种功能为一体的传播场景，是电商直播场景构建的最终呈现。

“人”是直播电商的媒体和渠道，是直播电商的交易入口。一方面，主播成为新型消费场景中商家与消费者的强力主导与纽带，交易的关键在于专业主播的知识分发、信任代理和人格连接。主播主要分为明星、网红主播及商家店员三类，其中，达人直播场景主要为明星和网红主播，商家直播场景主要为店员、店长等员工。达人直播具有内容质量高，货品每日更新，用户多为感情驱动购买的特点。商家直播具有品牌化，电商运营能力强，能够满足用户的货品需求的特点。这三类主播带货各有优劣势。明星主播知名度高、影响力大，但往往缺乏产品知识与营销技巧。网红主播专业度高、耐心稳定，但有时缺乏售后服务保障。店员专业负责、售后服务强，但缺乏知名

度与影响力。整体而言,网红主播带货能力最强,明星带货效果明显不如同粉丝量级的头部网红。从市场份额来看,淘宝平台商家自播占比较高、店员整体带货的淘宝直播商品交易总额(Gross Merchandise Volume, GMV)较大,而快手平台主要是网红主播,明星带货占比较小。另一方面,粉丝经济是直播电商的变现基础。数据显示,2019年中国在线直播用户规模超过5亿人,年增长率在10%左右,其中四成用户会购买直播推荐的产品。在消费者的逻辑中,直播电商可以带来购物过程中的社交互动体验,并能在愉快的情绪中享受折扣福利,能够实现信息、社交、娱乐、购物等多种需求。

直播货物类别日渐丰富,货物回归产品力竞争,品牌效应相对弱化。以快手直播为例,快手直播销售多为低价商品。快手直播数据显示,2019年平均客单价在50元以下,品牌效应不明显,适合初创品牌、杂牌销售。在商品品类中,食品饮料占比最大,约占30%,个人护理约占21.01%,精品女装约占13.03%,纸品清洁约占9.84%。快手直播带货以性价比高为主要卖点,主播除输出内容、粉丝互动之外,也为粉丝提供全网最低价商品渠道,实现宠粉之下的引流。总体上看,直播电商产品覆盖美妆、家居、食品、服饰、数码家电、汽车等品类。传统行业的商家直播占比最高,以女装、珠宝饰品、食品、美容护肤等为代表,这些也是淘宝平台传统优势类目。潜力行业主要是大宗消费品行业,其商家不断试水直播并提升线上渗透率,以汽车、房产、大家电等为代表。小众行业也有一定的直播热情,拥有较强黏性的粉丝群体,直播的针对性、实时性、互动性强,以宠物、相机、园艺等为代表。

直播带货的场景聚焦效应强,潜在需求匹配性高,实现生活和娱乐的融合。而且,电商直播的营销效果明显,渠道费用与运营成本低,不受时间、地域限制。直播电商的场景主要由平台、直播间组成。用户在直播间完成选品、下单。快手、抖音等偏向社交的平台具有流量低成本、主播基数大等前端优势,淘宝、京东等偏向电商的平台具有供应链完善、品牌商强势等后端优势。而与传统电商场景相比,它们的共同优势在于:第一,直播电商的C2M模式使主播能够直接对接品牌/工厂,省去中间环节产生的溢价,具有商品价格优势;第二,用户不用付出交通成本和陪伴出行压力,却能获得陪伴购物的体验感,兼具娱乐属性和社交属性;第三,实时互动多,既可以与喜欢的主播积极互动,也可以与在线众多买家积极互动,甚至能展现自我、表达自我。而且,直播电商场景兼具“营销+销售”功能,有利于品牌商实现精准营销,提升营销效率,降低营销成本。主播带货在为品牌提供销售渠道的同时,作为导购也具有品牌营销、"内容种草"功能,为粉丝科普品牌、讲解产品功能,尤其是头部网红非常适合新品宣传发售。品牌商通过直播数据可准确分析市场反应,有效监控营销效果。

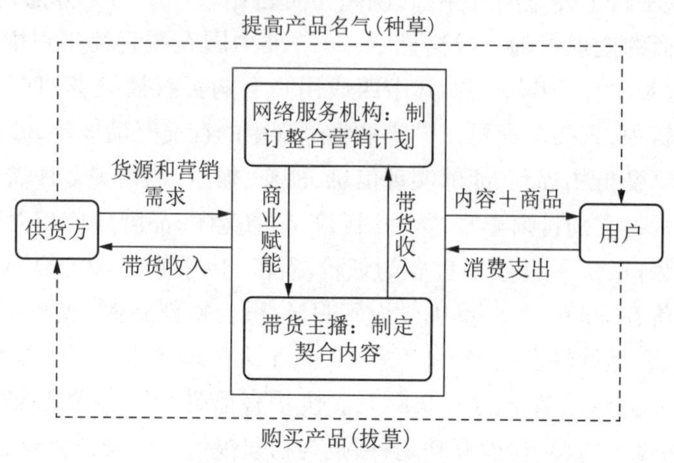

图 3-13 直播电商的运作方式

• 资料来源:艾媒咨询。

(四) 直播电商逐渐形成三大类型

直播电商可以依据合作平台不同分为三大类:一类是与传统电商和社交电商合作,即在电商平台镶嵌直播功能;一类是与内容平台合作,即以直播为主打内容的电商平台;最后一类是"短视频+电商"模式。直播电商使得传统电商(如淘宝、京东)和社交电商(如快手、小红书)的物品更容易售卖,起到存量盘活的作用;同时有利于开拓下沉市场,提高电子商务的渗透率。

在电商平台镶嵌直播功能是以"货"为核心的发展模式。电商平台镶嵌直播功能已被许多电商界顶级企业应用,包括淘宝、京东等。这些电商在自己平台中镶嵌相应的直播功能,把直播变成电商的"附属品"。在"电商平台+直播"模式下,一方面可以利用电商平台的流量带动直播流量;另一方面,一旦直播平台拥有充足的固定流量之后,再利用直播流量反哺电商。这种模式多数偏向于利用网红、明星等推广性价比高、价格能够被大多数消费者接受的"大众消费品",在短时间内达到促销的目的。这种模式是以"货"为中心。淘宝直播的痛点是所有货架式电商所面临的问题:流量饥渴,淘宝站内一直严控私域流量,导致所有主播都要争抢站内的公域流量,直播发展越快，这种矛盾就越突出。

以直播为主打内容的电商平台是以“人”为核心的发展模式。以直播为主打内容的电商模式是严格意义上的“直播＋电商”的营销模式。主要平台包括菠萝蜜、小红唇等。小红唇是针对国内年轻女孩的美妆直播电商平台。网红在小红唇上进行直播，分享护肤、化妆的知识，为观众提供可选择的相关产品。年轻的女孩可以在小红唇上看到自己想要的美妆内容，并且可以在站内进行直接购买。这种方式使流量的变现渠道变得更加广泛，强化了直播营销可执行的内容。这种模式是未来电商利用直播的主要途径，也是未来电商的发展趋势之一。如蘑菇街，其模式有鲜明的特点，就是以“人”为中心，从成立到现在，蘑菇街都是聚焦在赋能“人”，无论是早期做导购社区里的导购博主，还是后面的穿搭达人、网红店主，抑或是现在的时尚主播都是如此。

“短视频＋电商”模式是以“场”为核心的发展模式。快手、抖音等短视频平台也成为直播电商的重要力量，其优势在于引入了短视频这样一个特色的场景，是以“场”为中心。以快手为例，主播和粉丝之间建立起来的“老铁”式的紧密关系是直播带货能力强的重要因素。在供应链上，快手、抖音都是和电商平台合作，如抖音上可以添加京东、考拉、淘宝的商品，快手也可以添加魔筷星选、有赞和淘宝的商品。快手和抖音也在做自己的电商小店，但是需要完善和升级。

表 3-5　直播电商的分类

类　型	发展模式	主要特征	主要平台
在电商平台镶嵌直播功能	以“货”为核心	电商在自己平台中镶嵌相应的直播功能，把直播变成电商的“附属品”	淘宝、京东等
以直播为主打的内容电商平台	以“人”为核心	以直播内容为主，并在直播平台挂上商品链接供用户购买	小红唇、蘑菇街等
“短视频＋电商”模式	以“场”为核心	引入了短视频这样一个特色的场景吸引用户，激发用户购买欲	抖音、快手等

• 资料来源：笔者整理而得。

（五）直播电商的案例解析：淘宝直播

淘宝直播已发展成为国内最大直播电商平台。淘宝成立的第十三年，阿里巴巴确定了淘宝未来三大发展方向：社区化、内容化、平台生活化。这意味着淘宝正试图从一个购物平台，走向内容生产平台和消费社群。在淘宝庞大用户基础上，2016 年 5 月，淘宝直播品牌正式发布。2017 年 2 月，淘宝直播和天猫直播宣布合并,两块业务完成打通,截至2017年3月的数据显示,淘宝直播有超过1万名主播入驻,与120家签约机构、70余家专业人士(机构)生产内容(Professional Generated Content, PGC)栏目合作;完成65万场直播,服务80万商家,用户观看时长累计1.4亿小时。淘宝直播的爆发力也开始在"双11"以实际的销售额显现出来,更是出现了5分钟时间卖掉15 000支口红、10秒钟卖掉1万支洗面奶的盛况。

淘宝直播的运作模式主要分为三大类型:淘宝达人直播、全球购买手直播、淘宝店铺(C店)直播。从直播内容上来说,这三个类型的直播都相差不大,但各自的趋向性略有不同,对应粉丝人群也稍有异处。除此之外,它们的运作规则也有差别。首先,淘宝达人直播是网红的聚集地。淘宝达人直播适合有粉丝积累的账号,只要拥有一定的粉丝量,不管是微博、抖音、微信,还是其他平台,既能销售自己的产品又能接单,也能兼顾销售其他淘宝店铺的产品,还可以升级达人等级,来获取淘宝公域流量。由于淘宝直播是高度追求粉丝量的平台,所以申请淘宝达人对主播的颜值、控场能力都有很高的要求。其次,全球购买手直播需要主播拥有丰富的海外资源,需要全世界跑。因此代购直播的主播要有签证、护照,还需要有自己的淘宝店铺。消费者之所以选择全球购,主要因为亲自去国外购买商品的机会少、成本高,所以选择通过全球购买手的直播购买商品。为了吸引更多的粉丝关注淘宝全球购买手直播,全球购直播申请对产品、店铺要求都很高,如果你的店铺出现售假的情况,就不用再想开通直播权限了,甚至自己的淘宝店也会受到影响。最后,淘宝店铺直播是最简单的淘宝直播模式,比较适合成熟型的店铺。拥有一定经营年头的店铺,才能拥有真实的购买客户群体,在店铺内开通直播就会有很多老顾客来撑场子。这些一方面可维护淘宝店与老客户之间的关系,提升老客户的复购率,同时解决售后问题;另一方面,老顾客的好评、回头率、支持率,也会吸引一部分新客户。淘宝新店也可以开自己的淘宝店铺直播。但由于前期淘宝新店的粉丝少、人气低,销售上不去,直播起来也会比较吃力。

淘宝直播能够为消费者提供真实的信息、高质量高效率的互动体验,深受消费者的信赖与关注,相比于传统电商,淘宝直播具备如下优势。一是淘宝直播自带交易属性,且购买转化率较高。消费者打开淘宝或者打开淘宝直播就带有购买商品的目的,他们往往是出于购买某个商品或者某类商品,又或者通过浏览特定的商品决定是否购买。用户出于购物或者浏览的心态浏览淘宝或者淘宝直播，会更容易接受主播的推荐。明星网红等公众人物引流效果明显，购买转化率也超高。二是淘宝直播能够有效实现卖家与消费者的信息沟通。直播过程中，主播可以通过回答消费者的问题，实现与消费者的良性互动，同时可以根据消费者反馈的问题和消费者的反应及时调整直播内容。淘宝直播回复能够比传统的电商客服的文字回答更加生动形象、直观，也更加及时。淘宝直播间内不仅存在主播的推荐与介绍，还会包括所提供的链接以及相应的公告等，与消费者的互动更加高效且沟通质量也较高。三是淘宝直播为消费者提供更真实的信息。电商平台展示的商品图片往往可能与实物有所差异。而淘宝直播能够实时向消费者展示商品，包括质量、颜色、穿着感受等。实时直播的方式使店家不能经过后期修图进行美化，一定程度上降低了实物与照片的差距。主播以多种方式全方位对描述商品进行介绍，一定程度上提高了顾客对商品的认识。四是淘宝直播能够激发消费者购买欲望。消费者倘若通过点击直播间的商品链接购买该商品，则其他观看者的直播界面会显示某些消费者的淘宝账号“正在去购买”的信号，这无疑会烘托消费者积极购买的氛围，在一定程度上提升消费者的购买欲。另外，主播在直播间会根据观看量、点赞量为消费者发放优惠券，或者定时上架特定商品等，一系列的行为都会激发消费者的购买欲。

三、其他新零售模式涌现

（一）地摊经济返璞归真

地摊经济带来的好处不仅仅是缓和了大量劳动力失业的问题，成效更大的是它衍生出的一部分简易销售点，给处在疫情防控下的民众带来了巨大便利。例如严禁随意走动出入的社区，一些改装后的简易销售点就减轻了社区超市的压力，在供不应求的情况下，可以保障社区居民的基本生活，缓解社会矛盾，也推动社区疫情防控的有序进行。

（二）拼团类社交零售被激活

拼购类社交零售是指聚集两人及以上的用户，通过拼团减价模式，激发用户分享，形成自传播。主要优势是通过熟人社交的关系链形成强联系，以递交为核心吸引力，每个用户成为一个传播点，最终以大额订单降低上游供应链及物流成本。典型企业包括拼多多、京东拼购、苏宁拼购。

（三）会员制社交零售呈现新模式

会员制社交零售主要由平台负责选品、配送和售后等全供应链流程，再通过销售提成刺激用户成为分销商,利用其自由社交关系进行分享裂变,实现“自购省钱、分享赚钱”的目标。会员制社交零售主要优势是通过分销机制,让用户主动邀请熟人加入形成关系链,平台统一提供货、仓、配送及售后服务。典型平台企业包括贝店、云集、爱库存、花生日记等。该模式和前面所讲的模式完全不同,属尾货分销,是指仅面向B端客户(企业客户),提供品牌商品的分销能力,类似于阿里巴巴。目前做得比较好的有主打“品牌分销商首选”的爱库存。运营模式为向上招募品牌商家,由品牌商家提供商品(折扣尾货)与物流服务,向下付费招募分销商(仅一级),平台负责指导分销商运营,由分销商负责销售。平台与分销商按一定比例分配商品差价。

第三节 疫情下中国新零售的新趋势

2020年以来,商家打通了线上线下平台,融合形成全渠道的新零售模式,改变了消费者的购物方式。中老年群体线上消费的能力和习惯有所提高,新零售出现明显的年龄分层。伴随着智能化、数字化技术的发展与融入,新零售模式呈现定制化、虚拟化和无人化的发展态势。在未来的新零售发展过程中,发挥大数据技术优势,可以实现零售产品的研发和生产与消费市场需求、消费者消费偏好、新消费趋势相匹配。同时,人脸识别、对话机器人、服务机器人等人工智能的研发也将继续推动新零售向更为智能化的方向发展。

一、新零售前端消费系统数字化

所谓新零售,本质是通过数字化和科技的手段,提升传统零售的效率,数字化对新零售的发展起到了重要的推动作用。随着新冠疫情的暴发,为保持正常营业,越来越多线下实体店转向线上,这进一步加速了新零售的数字化升级,加快了新零售的数字化进程。防控要求使得线上购物从可选项变成了首选项,并成为新零售发展的核心助推器。数字化自助零售也将得到广泛应用,银行、商店、超市、物流更多依赖于数字化。现在,新零售基本实现了线上线下全渠道深度融合,可以满足消费者的各种购买需求,更容易缩短产品与消费者的距离。数字化还可以洞察用户、挖掘消费者、标注消费者,使用户与产品的匹配度更高。线上线下的融合进一步重塑了消费者体验、供应链效率、渠道选择与消费场景。线上线下由过去的竞争态势逐步转为融合发展模式,线下为线上提供能量,线上为线下提供拓客渠道。因此,新零售前端消费系统的数字化成为未来主流。

以生鲜商超为例,线上线下互动极大提升了生鲜新零售企业的市场渗透率。原本只专注于线下实体的生鲜超市纷纷开通了线上商城与互动社群,完成了流量的线上线下融合与相互导流,并通过大数据、人工智能、物联网等技术手段获取精准的消费者数据和行为路径,提高了用户的购物体验,实现了精准营销的目的。生鲜市场所涉及的瓜果蔬菜、禽蛋鱼肉等居民生活必需品,一直以来都是试水新零售呼声最高的领域,涉足者无数。目前,主流的生鲜新零售运营模式有两种,一种是以盒马鲜生为代表的店仓一体,一种是以叮咚买菜为代表的前置仓。简单来说,前者是线上线下一体,既可以给消费者提供到店服务,也可以提供到家服务;后者则仅限于为消费者提供到家服务。以中医药品类为例,东莞的多数医疗公司原本在疫情暴发前,出货渠道和上下游供应链已经经历近十年的打磨,稳定且固化。2020 年以来,这些医疗公司实现了从依靠渠道平台做产品分发,快速演变到业务数字化改革,接入软件运营服务(Software as a Service, SAAS)平台搭建自有体系商城和进出货数字化管理。同时,这些医疗公司还联动带货主播(KOL)做直播/短视频带货。一系列新型销售方式的接入使得消毒水/体温计品类同比 800%+地爆发式增长。

二、新零售后端供应体系扁平化

2020 年,疫情导致多数城市都关闭了农贸市场,阻隔了多个散点供货。与此同时,大型零售巨头开始与上游供应商采取直采直销的合作方式。这种方式免去多余中间商环节,提高库存周转效率,推动新零售形成直采直销的持续化。之后,5G 通信、新基建和大数据等互联网技术的高速发展也为强化直采直销模式提供强有力的技术支撑。新零售涉及线上平台、线下实体、仓储物流以及管理系统等多方面深度融合,大数据、云计算、物联网、人工智能、精确定位等在内的一系列技术能加速新零售供应链体系的变革。作为新一代的通信技术,5G 技术将对零售的业态、运营模式、商业模式等产生不可小觑的影响。5G 技术可以在众多线上线下消费场景中被调用,如电商直播的连接率和延时率都能通过 5G 得到极大改善,直播消费体验也将得到提升。而且,5G 将对新零售中的人、货、场三个核心要素进行重新资源匹配和整合。2020 年以来,新基建在多次中央会议当中频频亮相。从应对短期疫情冲击的角度而言,由于新基建投资回报的长周期性,短期内较难对冲疫情影响,但着眼于未来5至10年,随着新基建技术效益的逐步外溢,由此引发的效率提升必将为未来新零售的发展带来变革。利用大数据分析技术,零售商不仅可以依据顾客的行为记录和现实需要把握顾客行为和需求的动态变化,为其提供个性化乃至定制化的商品或者服务,也更有利于制定贴近实际的营销策略,全面提升管理绩效。因此,新零售企业必须掌握数字化的技术与手段才能对整个商业零售系统重新改造,推动线上、线下实现真正的同质化和统一化。

三、新零售消费群体分层化

从新零售的消费群体来看,各个年龄层的消费商品结构分层差异愈发明显。由于时代变化,人口结构也处在不断变化过程中,新零售必然诞生更为多元化的购物场景和更加丰富的渠道,以匹配不同年龄层、社交圈的消费需求。据商务部发布的数据显示,目前"60后"和"70后"群体仍然以线下购物为主,"80后"和"95前"群体主要倾向电商平台消费,"95后"更喜欢追随和购买自己喜欢的网红播主或者KOL推荐的商品。新冠疫情的出现使得"60后"和"70后"群体也逐步形成了线上购物的习惯,强化了"60后"和"70后"群体线上的购物需求。这类人群以购买生活零售商品为主,与其他年龄层的用户形成较大反差。不同年龄层的消费场景、经济水平、功能追求均不相同,商家则需要根据消费者的需求变化为产品定位、包装、设计、定价、营销。首先,"60后"和"70后"群体消费心理较为成熟,他们在购买产品的过程中更注重实际,以方便实用为主,要求提供方便、良好的环境条件和服务。这一年龄阶段的消费者开始对健康更加关注,对健康食品和用品的需求量也大大增加,需求结构开始发生变化,对健身娱乐、特殊兴趣、旅游观光等方面的消费明显增加。其次,"80后"和"95前"群体开始进入人生中的重大转折,在消费过程中,既有一般年轻人的消费特点,又具有这个年龄阶段的特殊性。在消费需求构成上,家庭的需求数量最大,小孩的需求最重要,其次才是大人的穿着和食品。在消费需求倾向上,他们对物质商品的要求标准也较高,开始追求精神的享受,注重档次和品质,价格因素倒放在次要位置上。再次,"95后"群体处于一个社会角色转型的时期,对任何新鲜事物、新知识都具有强烈的好奇、渴望,并会大胆地去追求,试图在追求新颖与时尚的同时,站在时代的前列,领导消费新潮流。这类群体追求个性,表现自我，具有很强的自我意识，希望能处处表现出自我价值，在消费过程中也彰显出与这个年龄阶层相吻合的个性特征，往往发生冲动性购买行为。

四、新零售消费内容娱乐化

从新零售的消费内容来看，新零售商品将呈现原创娱乐化的趋势。新零售某种程度是B端基于C端的变化做出的强应变——以吸纳新消费者，存留已有用户。消费者付费的决策模式由之前的“有需要—寻找对标商—对比购买”转向“随机接收信息/内容—冲动消费”，比如线上打开微信某篇文章，获取信息同时发生消费行为。随着“95后”群体逐渐成为消费主力，这类群体对于品牌的内容、身份认同感、体验互动方式比以往有更高的要求。受疫情防控影响，多数居民消遣娱乐方式选择互联网。而给商品赋予娱乐内涵能够极大推动消费者的消费欲望。

国美“真快乐”App为新零售赋予人、货、场娱乐化的内涵与外延。国美洞见了当下消费者的新生活态度，准确把握了不断转变的消费趋势，于2021年推出零售新物种“真快乐”App。“真快乐”App抢先版上线测试单日UV就超千万，在1月15日“开门红”大促活动当天各种爆品刷屏朋友圈，并成为众多用户的“宠儿”。“真快乐”App开启了娱乐化新零售的模式，并在零售业引起巨大轰动，成为年轻人“宠爱”的网购平台之一。三只松鼠通过建立IP形象，输出壁纸、表情包、漫画等系列娱乐趣味图片，将品牌价值赋予IP人设上，与消费者产生互动，实现价值传递。李宁、花西子等通过主打中国风品牌，输出东方文化，从设计、命名、营销方式都充满了东方元素，展现国韵的魅力，并受到年轻人的追捧和喜爱。这些年轻消费者热衷于分享与社交，帮助品牌在各大社交平台上完成多次传播。

五、新零售销售模式智能化

新技术推动新零售出现定制化。2020年以来，新零售供销网络呈扁平化趋势，出现用户直接连接制造厂商的新模式。这个模式颠覆了传统电商经由品牌商、制造商、经销商最后才到消费者的由上至下的电商模式，转变为消费者—制造商—消费者的双向沟通模式。制造商借助大数据技术，通过品牌商广泛收集前端的消费数据，根据消费者个性化需求组织研发生产，再通过快捷的供应链发往消费者手中。其优势在于可以更精准地预判库存、减少中间商环节，以量定产。如今直播电商通常就采用这种模式收集用户数据来指导厂商制造。

新技术推动新零售出现虚拟化。当前,许多居民社区开设了“虚拟超市”,即在无人超市中,摆放产品的样板,由消费者对样板商品进行浏览和体验后再通过线上网站选择所需产品进行购买,在完成付款后消费者便可以依据相应的凭条到相应的储物柜获取商品。除了虚拟超市所采取的技术,VR技术也为无人零售创造了新的可能。如3D试衣镜技术,其只需要消费者在试衣镜前站立3秒左右,系统便可以借助人体测量建模技术,对消费者的人体数据信息进行获取,同时将相关的数据上传至云定制系统当中,系统再根据相关数据,向消费者呈现穿衣后的模拟样式,消费者也可以根据模拟试衣的结果,向商品供应商申请远程定制。可见,VR技术也能够成为推动虚拟零售的强力工具,能够提升供应商、销售商、消费者之间的沟通效果。

新技术推动新零售出现无人化。受线上平台的冲击,线下平台出现大规模的闭店潮。为了统筹发挥线上渠道和线下渠道的功能,诸多商家在智能技术方面进行了尝试。亚马逊于2016年在美国店面开启了无人超市的探索,其通过模仿无人汽车驾驶的技术(包括深度学习、计算机视觉和传感器等技术),打造“Just Walk Our”技术实现对消费者浏览商品过程中取下、放回的行为进行检测,同时在模拟购物车中进行消费跟踪。消费者在完成购物后离开商店,同时运用亚马逊账号进行结账即可。这一新型购物方式充分调动了消费者的线下购物积极性,为线下经营创造了新的契机。随着物联网技术、人工智能技术等发展,无人机、无人车等供应链技术也逐步走向应用。

第四节　疫情下中国新零售的新政策

新零售是以互联网信息技术为依托,利用大数据、AI、云计算、5G等多种新技术,对产品生产、流通及销售各个环节进行改造升级,将线上销售与线下销售深度融合的新兴行业。新零售行业的深度发展不仅可以催生新的商业模式,有效提升商品流通效率,降低商品流通成本,促进居民消费结构由商品消费向服务消费转型,而且还能为国家创造经济新动能,通过平台型企业的带动作用,让大数据和互联网技术应用于商业,进一步优化生产制造、降低交易成本、提升消费潜力。线上线下的融合为中国新零售行业带来新机遇,也为中国新零售行业带来新问题。中央和地方政府纷纷制定一系列政策推动新零售行业的可持续发展，其中包括对新零售这一新业态的监管政策。

一、疫情下新零售面临诸多新问题与新挑战

虽然受新冠疫情的影响，新零售行业出现新的发展特征，涌现新的业态模式，也迎来了新的发展机遇；但是机遇与挑战并存，疫情下中国新零售行业也存在诸多新的问题，面临着新的发展挑战。

第一，根深蒂固的传统交易营销理念在短期难以消除，新零售平台与消费者体验场景化无法广泛形成。目前，部分新零售商家的交易营销观念还停留于传统理念，消费场景化主要流于形式。例如，线上和线下的产品和服务无法保持一致性，导致网上的商品与购买后的商品大相径庭，造成新零售出现大量的退货现象。而且，退货时部分商家的态度恶劣，更有甚者以各种方式对消费者进行打击报复，一个中评或差评就可能导致电话骚扰或人身攻击等。这些行为极大地降低了消费者场景体验感。由于营销理念的缺乏以及产品和服务质量全渠道监控的缺失，顾客和商家双方都将受损。

第二，疫情带来交通运输不便，导致新零售物流成本的上升，加剧新零售供应链中断的风险。一方面，国内流通的一些商品来自海外，随着海外疫情的持续蔓延导致的停工、停产、停运，对中国部分依赖进口的新零售行业的产业链条造成不确定性风险。以生鲜电商行业为例，生鲜产品具有保质期短、易损耗，对冷链物流要求高等特性，部分进口生鲜农产品更是如此，因此大部分生鲜产品进口选择航空运输，海外疫情蔓延导致各大航空公司运力减少，航空物流成本攀升。另一方面，国内地区疫情"零星散发"也加大了国内物流的不确定性，一定程度影响新零售的供应链。

第三，直播行业发展不规范，直播乱象严重。直播电商零售的商品质量与主播推介存在差异。直播时的商品展示都是由商家聘请专业团队事先策划的，部分商品表面华丽无比，实则粗制滥造，极大影响消费者的购物体验，久而久之就会转换为对直播电商的反感情绪和抵触心理。而且，直播电商营销手段过于单一，消费者场景互动的新鲜感逐渐降低，直播电商平台虚实结合的场景营造和双向互动式传播模式很难得到有效发挥。

第四，社区团购存在经营主体权责不明确、平台同质化竞争激烈、消费者隐私泄露等诸多问题。由于社区团购平台系统和监管制度不完善，消费者在购买商品后出现问题、权益受到侵害时无法得到快速解决，降低了消费

者体验感。各个社区团购平台都有品类同质化问题,每个社区团购微信群里发布的商品基本相同。而且,社区团购平台为吸引更多的消费群体,在资本巨额补贴下打价格战。

二、国家强化新零售监管,促进新零售良性发展

为促进新零售的发展,一方面,中央出台相关政策进一步推动新零售行业的可持续发展。2019 年 8 月 27 日,国务院办公厅印发《关于加快发展流通促进商业消费的意见》,指出要从顺应消费变革和消费升级的趋势,引导电商培育新消费理念,拓宽生态产品线上线下销售渠道到调整电商零售,该意见还推出了 20 条提振新零售发展的政策措施。2020 年 9 月 9 日,国务院总理李克强主持召开国务院常务会议时强调:基于网络数字技术的新业态新模式,支撑了新型消费逆势快速发展,且潜力巨大;要打通制约经济增长的消费堵点,鼓励市场主体加快创新,更大释放内需,增强经济恢复性增长动力。会议还确定了支持新业态新模式加快发展带动新型消费的措施,促进经济恢复性增长。2021 年全国"两会"的《政府工作报告》和其他报告,以及《国民经济和社会发展第十四个五年规划和 2035 年远景目标纲要》也制定了推动新零售发展的相关政策。《政府工作报告》提出,运用好"互联网+",推进线上线下更广更深融合,发展新业态新模式,为消费者提供更多便捷舒心的服务和产品。该报告还提出,要鼓励社区零售发展、鼓励农村电商和物流,扩大农村消费。

另一方面,国家制定系列政策完善新零售行业监管的体制机制,促进新零售行业良性发展。2020 年 6 月 19 日,首部全国性直播电商标准《视频直播购物运营和服务基本规范》和《网络购物诚信服务体系评价指南》两项团体标准制定研讨会举行。2020 年 7 月 1 日,由中国广告协会公布的《网络直播营销行为规范》(下称《规范》)正式实施。这是国内目前出台的第一部对于网络直播营销活动的专项规范,对"直播带货"起到规范引领作用。《规范》中详细规定了商家、主播、平台等各方在直播带货活动中的权利、义务与责任。《规范》将此前争议最大的主播方定义为"在网络直播营销活动中与用户直接互动交流的人员",并对主播提出多项要求,涵盖了直播营销中的言行、提供商品的质量保证、不得举行私下交易等。《网络直播营销行为规范》与中国商业联合会牵头制定的《视频直播购物运营和服务基本规范》和《网络购物诚信服务体系评价指南》形成规范体系。除此之外,中央还对新

零售的违规行为进行行政处罚。2021 年 3 月 3 日，国家市场监管总局就多多买菜（社区团购）存在的不正当价格行为处罚 150 万元；就美团优选（社区团购）存在的不正当价格行为处罚 150 万元；就橙心优选（社区团购）存在的不正当价格行为处罚 150 万元。2021 年 4 月 10 日，国家市场监管总局将阿里巴巴（电商）强迫商家“二选一”的行为确认为属于滥用市场支配地位的垄断行为，并处罚 182.28 亿元。2021 年 6 月 22 日，上海市浦东新区市场监督管理局就盒马（新零售）发布虚假广告处罚 50 万元。2021 年 8 月 10 日，北京市海淀区市场监督管理局就快手（直播电商）夸大直播销售额数据处罚 20 万元。

三、地方刺激新零售发展，推动新零售多点开花

各地区和各省市积极响应国家发展新零售行业号召，出台多项政策助推新零售行业发展。2020 年 5 月 8 日，重庆市商务委员发布《重庆市加快发展直播带货行动计划》指出，围绕国际消费中心城市与数字经济创新发展试验区建设，积极发展直播电商，大力实施电商直播带货“2111”工程，提出培育主体，壮大直播电商产业集群、扶持产业，推动直播电商供应链完善、深化应用，推动行业直播电商发展、健全生态，推动直播电商创新发展、营造氛围，不断优化直播电商发展环境等五大重点任务。2020 年 9 月 7 日，江西省发布的《江西省数字经济发展三年行动计划（2020—2022 年）》指出，实施实体零售创新转型示范工程，加快建设一批智慧商店、智慧商圈，积极推广智能便利店、自动售货机。2020 年 9 月 17 日，广州市商务局发布的《广州市直播电商发展行动方案（2020—2022 年）》指出，推进实施直播电商催化实体经济“爆款”工程——“个十百千万”工程，加强直播电商顶层设计、打造直播电商产业集群、推动直播电商在商贸领域应用、构建直播电商人才支撑体系、营造直播电商发展良好氛围。2020 年 4 月 13 日，上海市政府办公厅发布《上海市促进在线新经济发展行动方案（2020—2022 年）》，提出重点推进四个“100＋”行动目标，强调围绕生鲜、餐饮、农产品、日用品等领域，推动传统零售和渠道电商整合资源，线上建设网上超市、智慧微菜场，线下发展无人超市和智能售货机、无人回收站等智慧零售终端，鼓励开展直播电商、社交电商、社群电商、“小程序”电商等智能营销新业态。2021 年 4 月 15 日，上海发布了由市商务委、市经信委、市文旅局、市市场监管局、市网信办联合编制的《上海市推进直播电商高质量发展三年行动计划（2021—2023

年)》,指出培育直播电商平台、建设直播电商基地、集聚专业服务机构、拓展多元应用场景、打造直播电商品牌、举办重大直播活动、推动行业规范发展、加强人才引进培养、强化直播技术引领等九大重点任务。

本章小结

2020年以来,中国新零售行业的转型与升级受到重大影响。基于此,本章重点梳理了2020年以来中国新零售的新特征、新业态、新趋势和新政策,以期准确把握未来中国新零售行业的发展方向。其一,2020年以来,新零售行业需求侧结构重塑,供给侧结构加快调整,电商平台乘势而起,社区团购、电视直播等新模式高速发展。其二,疫情防控需求改变了居民的生活方式与购物习惯。社区团购迭代更新,直播电商更是异军突起并受当代年轻消费群体追捧。而且,中国新零售还涌现出诸多新模式,包括拼团类社交零售、会员制社交零售、地摊经济等。其三,今后,新零售将呈现出前端消费系统数字化、后端供应体系扁平化、消费群体分层化、消费内容娱乐化、销售模式智能化等新趋势。其四,新零售的发展迎来了新的机遇,也带来了新的问题与挑战。国家为促进新零售良性可持续地发展,制定出台了一系列相关政策并强化新零售行业的监管力度。各地区和各省市也积极响应国家发展新零售的号召,出台了多项政策并编制了一系列行动计划助推新零售行业的发展。

第四章
中国新零售的发展困境:新要求与新问题

新零售是市场主体面向最终消费者,充分利用互联网技术,以用户为中心,以平台为载体,以“共享”为手段,实现线上线下全面融合,物流、资金流与信息流协同运行的销售活动。其市场主体包括传统零售和电商,本质是传统零售和电商基于消费需求提升的一种产业升级,是生产关系从“供应商生产什么,消费者消费什么”向“消费者需要什么,供应商就生产什么”转变的新市场环境下对市场主体提出的新零售模式升级。

零售行业有两个核心要素:一是消费者需求不断变化;二是供应链效率需要不断提升。纵观零售行业的优秀企业,在客户、产品和运营这三个方面都具有明显的竞争优势。特别是现在已经进入了“多重需求”的新消费时代,零售企业需要满足个性化的客户体验、随意化的消费时段、线上线下全域化的消费场景,搭配精准的销售服务,兼顾产品的多元化,执行高效率和低成本的运营等多重消费需求。新零售正是利用更多的技术和模式创新,实现了更好的消费者体验和更有效率地生产运营。因此,传统零售和电商需要依托于大数据、云计算、人工智能等新技术,向全体验、全品类、全渠道、全时段的新零售模式转型。

得益于移动支付、社交商务模式以及数字化管理系统等新技术的发展应用,中国传统零售商和电商转型的需求和热情都与日俱增。零售企业充分利用数据信息、人工智能等,通过线上线下以及物流的融合逐渐向新零售模式转型升级。尤其是2016年阿里巴巴创始人马云在云栖大会提出“新零售”的概念以后,小程序、社区零售、直播电商、生鲜到家服务、共享服务平台、无人智能零售店等新的零售模式和业态在中国各地遍地开花。然而,新零售对生产关系的改变会产生一个逆向满足的过程,对传统的营销、渠道和盈利模式都会有转型的新要求。这也使零售企业面临很多新的困难和日益加剧的竞争,致使资本繁荣之后逐渐显现出泡沫破裂的迹象,比如电商巨头线下开店速度放缓,实体店批量关闭,无人商店、生鲜超市、母婴垂直电商等新消费品牌和模式不断面临洗牌等新问题。

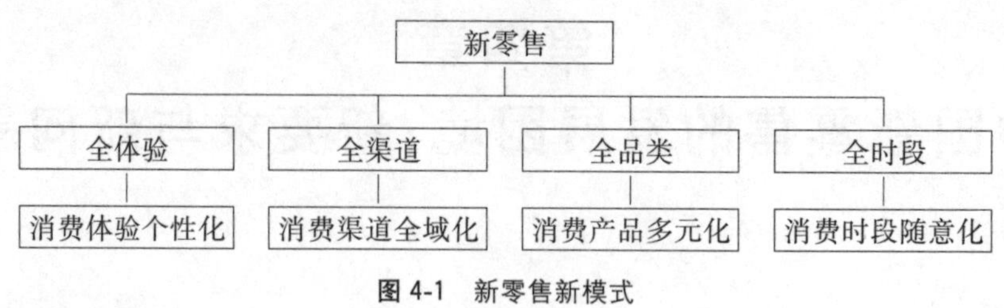

图 4-1　新零售新模式

• 资料来源：作者绘制。

第一节　新零售全体验模式的新要求与新问题

随着经济的发展和消费水平的提高，市场环境中的商品和服务都得到了极大的丰富，人们从传统商品经济时代迈向了体验经济时代，消费主权不断进行转移，零售活动不再是简单的“商品—货币”的关系，而是持续互动的“零售企业—消费者”的关系。因此，零售企业需要优化消费体验来突出差异化的竞争优势，需要更加关心消费者的体验，真正以用户思维生产运营，捕捉消费者的需求变化，从以产品为主导的“购买驱动”向以消费者为核心的“体验驱动”模式转型。

新零售正是以消费者为核心的体验驱动型的经营模式。2017 年 9 月，商务部流通产业促进中心发布了《走进零售新时代——深度解读新零售》的研究报告，其中提及“零售创新的步伐是如此之快，以至于无法具体定义新零售，只能给出泛零售的概念，即新零售是以消费者为核心，以提升效率、降低成本为目的，以技术创新为驱动要素，全面革新进化的商品交易方式”。因此，新零售虽然有多样化的业态，但是新零售的本质仍然是实现交易，并且在技术升级和消费升级的驱动下，要求新零售更大程度地满足消费需求，更高效率地实现交易，以提供更好的消费体验。

一、新要求：构建以消费者为核心的体验驱动型的运营体系

（一）体验经济时代呼唤体验消费

未来学巨擘阿尔文 · 托夫勒 2018 年在其成名之作《未来的冲击》中写道：“未来经济将是一种体验经济，未来的生产者将是制造体验的人，体验制造商将成为经济的基本支柱之一。”观察当前人们的消费习惯，消费态度已然改变，以往购物所注重的产品质量、品牌实力已经逐渐改变为健康精致、

快速方便等良好体验的情感诉求。比如说对于一杯咖啡，“70 后”关注咖啡的质量，“80 后”关注咖啡店的品牌和服务，“90 后”和“Z 世代”关注咖啡店的环境、咖啡杯的精致度和个性化、购买渠道的便利化程度、多样化的消费场景等多重需求。相应地，咖啡店从简单的一家门面延伸为咖啡生活馆，而咖啡的价值在不断地增加体验中实现价值的增值。也就是说，同一种商品在商品经济中价值 10 元，在服务经济中可能价值 20 元，在体验经济中就可以价值 30 元，这是因为消费升级让消费者更加注重享受体验，愿意付出更高的价格，体验经济的时代已然到来。

在商品经济和服务经济时代，零售企业更多聚焦在产品和服务本身，注重产品质量、功能及服务态度，较少进行目标客户的差异化区分，所以在商品与服务极大丰富的情况下，零售企业会不可避免地陷入同质化竞争，只能以较低的价格来吸引消费者。而体验经济时代，零售企业需要更多地营造良好的消费体验，预见客户的个体化消费需求，创造主动的消费场景的互动体验，从而通过提高客户的愉悦度来建立竞争优势，摆脱在产品、价格及服务层面的多方竞争，实现消费的溢价增值。

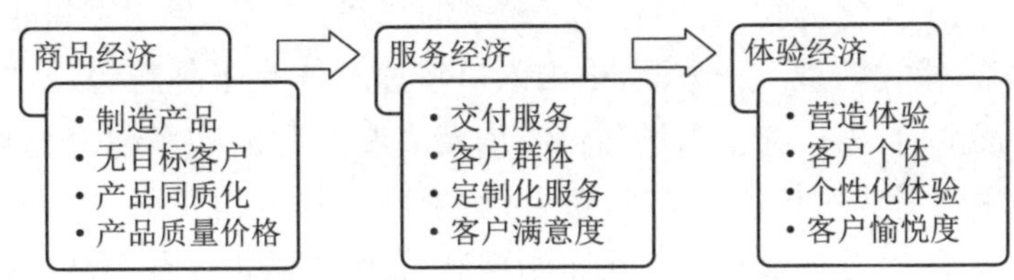

图 4-2　不同经济形态的消费需求和过程

• 资料来源：作者绘制。

结合 2012 年约瑟夫 · 派恩等在《体验经济》中关于体验经济的描述，体验经济是“基于现实生活与场景，为顾客塑造更愉悦的感官体验及思维认同，以此吸引顾客的注意力，从而来满足客户更高的消费需求，提高客户愉悦度来引导消费，为商品和服务找到新的生存价值与空间”。因此，区别于商品经济时代及服务经济时代，在体验经济时代，零售企业需要将竞争从产品价格、功能和服务转向满足更好的消费体验，从而促使消费者买单和获取较高溢价，这正是新零售的核心出发点和诉求。

新零售的全体验模式指的是面向线上线下的全客户群体，满足个性化和多元化的消费需求。新零售的体验对象是消费者，面向消费者的需求，解决传统零售企业和线上电商销售的痛点。通过线上线下的融合，弥补线上电商用户体验先天不足的问题,提高线下传统零售的消费便利化程度;通过人工智能、对"人"的数字化建设,捕捉预测消费者行为的发展趋势,逼近消费者的内心真实消费需求,从而创造并提升不同消费者的个性化消费体验。

很多新零售业态都展现了对提高消费体验的努力和重视。比如盒马鲜生,打造了仓店一体的新零售模式,营造了快速好玩的用户体验,实现了线上线下的双向流量整合。盒马鲜生在购物场景中设置了餐饮体验区,可以实现即买即烹,并且设置了大量烹饪交流分享的场景,提高了线下客流的转化率和客户的体验感。通过设置物流配送中心支持线上销售,通过电子价签保证线上线下同品同价,提高了线下向线上转化的引流率。比如创新的智能零售终端,迷你 KTV 友唱、天使之橙智能鲜榨橙汁终端等重新定义了行业边界,创造了新颖方便的共享经济场景,开启了轻娱乐体验模式,满足了年轻消费者快乐方便的消费需求。

(二)消费主权转移倒逼企业转型

随着中国人口结构的变化和生活水平的提高,人们的消费需求和消费水平都发生了变化,消费者拥有越来越多的消费自主权,倒逼零售企业运营向"全体验"模式转型。一方面,中国人口增速总体呈下降趋势,从"人口增量市场"逐渐向"人口存量市场"转变,消费者黏性和复购率越来越重要;另一方面,中国消费主体逐渐转向新生代,家庭消费结构和消费水平全面升级,文教娱乐、医疗保健消费占比不断提高,食品衣着占比逐渐减小,消费者

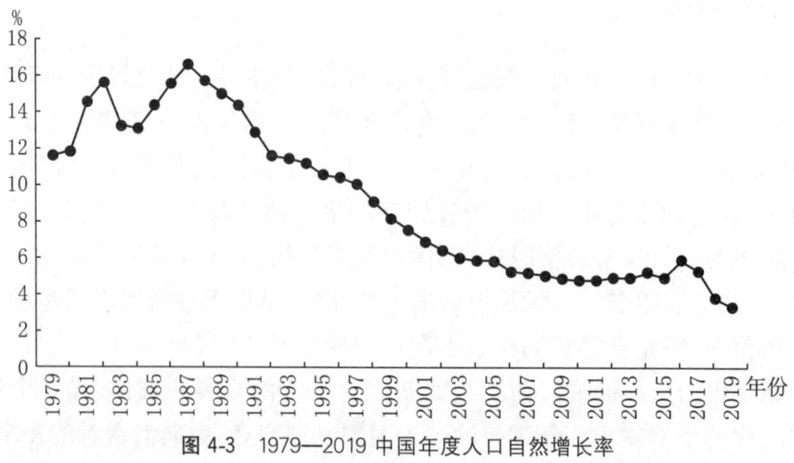

图 4-3 1979—2019 中国年度人口自然增长率

• 资料来源:Wind 数据库。

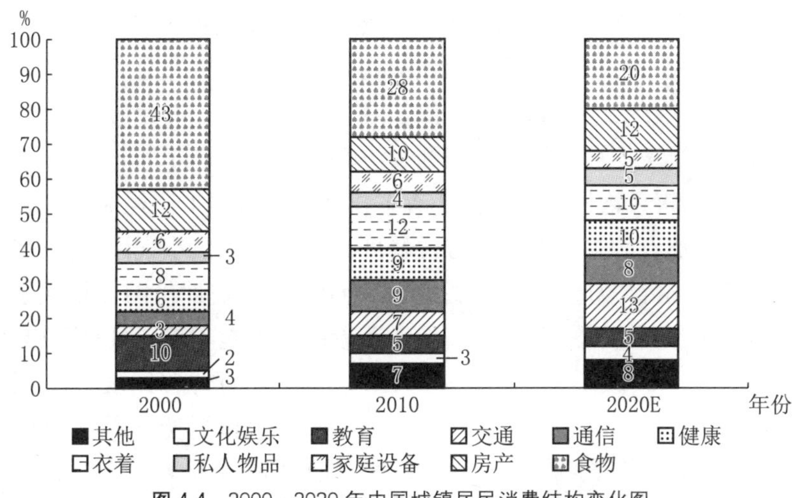

图 4-4　2000—2020 年中国城镇居民消费结构变化图

• 资料来源:CSMAR 数据库。

需求更多从低价向体验式诉求转变。消费市场的主导权已经从生产商、零售企业转移到了消费者手中,需要零售企业深度挖掘消费者需求,只有做到以人为中心,以用户为导向,才能从根本上提升包括产品研发、生产制造、运输交易在内的整体行业效率,为消费者提供他们真正想要的商品、服务、消费环境和消费体验,从而使企业获得可持续性的发展。

早在 2014 年,迈克尔 · 扎克尔在《中国超级消费者》中写道:"中国正处于超级用户时代,这个时代驱动企业运营和营销实践的不再是公司,而是用户。"与生产型社会不同,在当前的消费型社会背景下,消费成为经济社会发展的重要引擎,消费者更多地通过其消费行为本身来显示个人意愿和消费偏好,进而影响商家的生产决策,消费者主权已经转移。消费者主权转移可以表现在以下几个方面:

第一,消费者拥有更多的知情权和自主选择权。在信息时代,随着市场信息透明度越来越高,消费者拥有充分的知情能力,可以通过搜寻信息货比三家,破解信息不对称,对消费信息从被动接受转向主动选择,拥有充分的选择权。

第二,消费者可以拥有充分的主导权。在自由市场经济条件下,市场上提供了充分的商品和服务,消费需求变化往往决定着市场的走向,生产只有随着消费需求调整才能得以长期生存,消费者可以用"货币投票"决定企业成功或出局,生产者往往处于被指引的地位。

第三,消费者拥有更强的传播影响能力。移动互联网赋予了消费者更强的信息权利和社群效应,可以加强消费者之间的信息沟通,加速消费反馈的二次传播。因此,当前的消费不仅仅是个人独立的一次行为,社交消费已经司空见惯,带来了社群经济和网红经济等。

很多新零售新物种都是在消费者主权转移的背景下应运而生,“社区团购”提高了消费者的议价能力和方便程度;“抖音”“微信小程序”等直播平台的火爆反映了社群效应的影响力;“大众点评”等消费评价网站拓展了消费者体验的影响力和传播范围,提高了消费者的网络施压权。可以看出,消费者主权的转移体现了不同的消费观念和消费目的。消费不再简单地满足物质性、实用性需求,相反是包含了更多的社交功能、享乐需求,还可能作为一种符号彰显消费者的身份和地位。因此,当前的中国,人人都是消费者。零售企业必须要善用体验零售,以吸引消费者和强化每个消费者良好的影响力,如果零售企业无法满足客户的体验预期,就无法实现有黏性的客流增长。

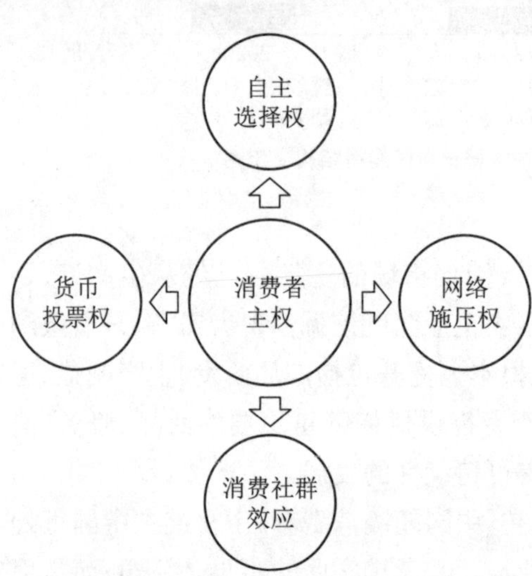

图 4-5 消费者主权的主要表现形式

• 资料来源:作者绘制。

二、新问题:以用户思维生产运营转型困难

新零售的“全体验”模式是企业的战略选择,需要零售企业真正以用户思维生产运营,面对线上线下不同层级消费者的不同消费需求,解决线上线下零售企业的困境和难点。零售企业转型的关键点是要做好消费者关系运营,需要强化消费者关系,通过分析消费者、了解消费者,提高消费黏性、提高市场份额。新零售对应的消费者主要包括三种:本地消费者、社交消费者、移动消费者。本地消费者比较注重体验感受、享受及时服务;社交消费主力人群年龄处于 20—39 岁,消费人群具有明显的追求产品个性化、差异化的特征,注重购物、娱乐和社交的综合体验;移动消费者则具有明显的消费时间碎片化特征。

零售企业需要细分用户，进行消费者关系运营，比如对于重点客户，要重点维护；对于潜在客户，要强化关系；对于游离客户，要建立关系等。需要有用户思维精准捕捉消费者需求，分别构建强链接：需要根据不同用户提供差异化的产品和服务，需要兼顾为消费者创造价值和提供高消费体验。事实上，多数零售企业由于技术或成本限制，仍停留在产品导向思维，缺少消费关系运营战略思维，实际运营不够精细，完成一次消费即结束一次交易，通过价格战以低价吸引客户，进入"低价—劣质—低忠诚度"的恶性循环。

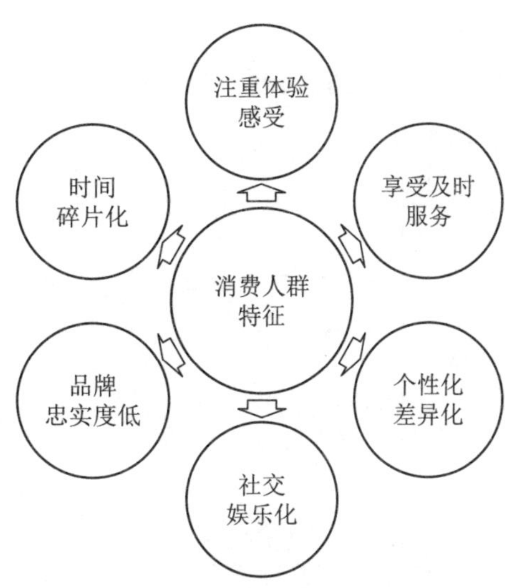

图 4-6　新零售消费人群主要特征

• 资料来源：作者绘制。

（一）线下零售运营成本居高不下，数字化用户困难

消费全体验是新零售的关键模式，体验的核心是人而不是产品。即使是无人超市、智慧零售等新物种，零售终端仍然是直接面向消费者，核心使命是满足消费者需求，因此，"人"维度的升级是零售模式升级的驱动力。新零售的消费全体验则是依靠技术的发展实现以"人"为核心的数字化管理，将消费者变成企业的数字资产，实现消费者的可识别、可追踪、可运营，从而洞察消费者的真实需求，有针对性地进行关系运营，从而提高消费者的消费体验。

对于线下零售企业而言，"线下客流数字化"一直是亟待解决的难题。线下消费往往呈现离散、碎片化的特征，缺少线下数据收集的数字化工具，较难实现规模化的客流积累和客流识别。消费者是谁？喜欢什么？是否会复购？线下零售企业仍然较难获得基于数据的消费洞察信息。

中国传统的线下零售企业的数字化建设一直落后于线上电商，一方面是因为技术门槛，另一方面则是因为对"用户思维"经营的认知阻碍。由于线下企业受时间和经营空间的限制，门店房租成本和人力成本等居高不下，经营效率低下，无法满足消费者随时随地的消费需求，发展潜力有限，在资源有限的情况下，是否进行门店数字化建设的投资是需要认知转换的。此外，多数线下零售企业市场集中度低，以小型门店为主，缺乏数字化建设经验，难以投入较大的成本进行事前消费者洞察的数据化建设，并且对数据的搜集整合能力也较弱，难以投入较大成本进行线上线下融合转型，做好数字化技术升级。

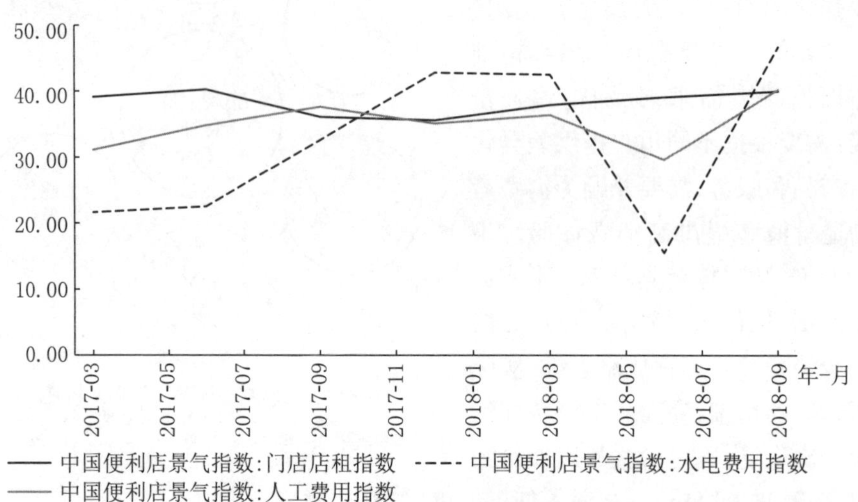

图 4-7　2017—2018 年中国零售便利店景气指数

• 资料来源：Wind 数据库。

（二）线上零售同质化竞争严重，客户体验升级困难

20 世纪末，随着互联网和电商模式的兴起，零售企业通过电商渠道与消费者建立连接，消费者从浏览、下单到复购的过程开始在线上变得有迹可循，“人”的线上数字化得以实现。电商企业开始识别消费者的数字画像，分析消费者偏好，实行更精准的人货匹配，为消费者创造了全新的消费场景，摆脱了线下零售时空的限制。在线支付、仓储物流的进一步发展，推动了综合平台电商和垂直电商等互联网商业模式的线上零售蓬勃发展。

线上零售的核心是获取流量，即线上访客量。中国早期中小型电商的快速发展，主要得益于低成本，一方面线上零售不需要考虑地段和租金等运营成本，另一方面电商平台最开始的免费引流节省了流量成本。因此，初期线上零售的低成本，促使电商得以开展秒杀、满减、折扣等低价活动来吸引消费者完成交易。但是当电商平台做大做强，结束上升期后，中小型零售电商需要支付宣传费用才能获得流量，随着进入电商平台的商家数量越来越多，经营产品同质化严重，获客成本也越来越高，比如淘宝网的直通车引流费用越来越高。根据商务部统计数据，2014 年后，互联网电商形成的流量红利阶段已经结束,维持靠价格战吸引消费者的竞争优势越来越困难。在流量成本的前提下,有些商家通过降低产品生产成本来维持低价优势,无形中降低了消费者的购物体验。

除了流量红利消失,线上电商还存在用户体验先天不足的问题。国内线上电商普遍存在的一个困难是客流转化率偏低。由于消费者无法感受实物产品和服务,在线消费会存在更多的不确定性,因此会存在更多的消费顾虑。相应地,一些反应迅速的线上商家开始弥补用户体验不足的问题,直播电商、内容电商等新电商应运而生。通过主播介绍或者自媒体的文章来提高消费吸引力,其本质是通过分享他人的消费体验来促进消费。但是当前内容电商和直播电商基本都是依靠主播或自媒体的广告,仍存在同质化竞争大的问题,缺少差异化的竞争优势,用户体验提升非常有限。也有些电商开始布局线下实体零售来促进消费体验,但也存在成本高昂,全产品同价等线上线下融合难等问题。

(三)新零售新技术快速更迭,复制扩张困难

新零售是以消费者体验为中心的数据驱动的泛零售形态,关键点是通过数字化技术,实现线上线下和物流的融合,提升经营效率的同时提高消费者体验。比如盒马鲜生,基本实现路径是:线下购物体验—良好的体验产生信任—线上下单—中心仓配货+店面快速送货—大数据C2B管理。其中线下流量转到线上消费是需要新技术的,在物流供应链和生产供应链上也需要数字化技术管理,通过线下到店人数、交易人数、产品信息的数字化建设,可以将店内实时信息反馈到零售经营层面,根据不同时间的大数据实现商品的促销变价,基于自动货架和库存监控补货,根据过往消费记录定时推送,以提高消费者体验,减少库存,整体实现大数据的C2B管理。

中国的客流数字化技术难题在"移动支付"的创新中得到了解决,让门店和消费行为在购买环节得到了数字化的链接,成为线上引流的关键要素。随后,扫码购、一物一码、支付即会员、AI刷脸等新技术不断延伸应用。比如"支付即会员"功能,用户使用微信支付完成交易后,可以自动登记为品牌会员,省去了传统会员手工登记的烦琐,大大提高了用户体验和企业经营效率。

盒马鲜生投入巨大且坚决,是比较成功的新零售业态。但是总体上,目前新零售新业态普及的技术发展水平还比较低,有竞争优势的技术则投资成本比较高,缺乏规模效应。消费者对销售新业态的体验不佳常有出现,比如无人零售因为补货不及时导致可选择产品种类少等问题严重影响购物体

验，导致新零售企业扩张困难。比如无人超市的物体识别技术，目前公开的技术有标签和机器视觉。其中标签存在粘贴麻烦、易被撕毁，受尺寸和感应距离约束等问题；机器视觉研发成本高、技术不稳定，不能短时间内进行大规模商业化。而新零售新业态层出不穷，竞争愈演愈烈，缺少差异化的竞争优势，在靠资本狂热投资快速扩张的同时出现了快速关店的现象。

此外，新零售企业的扩张需要考虑不同地区不同消费水平的消费者对于新零售新模式的接受程度和主要诉求。目前新零售的设计场景主要适用于生活水平较高的一线城市，主要原因在于消费者线上消费普及度较高并且人口密度高，物流的配送成本低，配送效率却可以比较高。这些条件在县级城市和某些社区并不一定同样具备，如果依靠资本盲目扩张到这些区域，可能不符合周边消费者的诉求，也会存在运营成本和效率问题。

表 4-1　2016—2020 年中国部分新零售企业扩张和闭店情况

新零售企业	创建时间	门店数量 / 运营情况	主要关店原因
盒马鲜生	2016.1	2019 年 5 月关闭第一家昆山店； 2020 年关闭福州 3 家店； 2020 年有 300 家门店	不符合周边消费需求
永辉·超级物种	2017.1	2017 年开店 27 家，2018 年开店 46 家，2019 年开店 15 家；2021 年只留有北京和福州各一家	腾讯支持全国规模扩张，但是实际运营成本大，亏损高
鲜生友清	2017.4	2019 年 5 月关闭全部 130 多家店	靠资本投资快速扩张，资金链和供应链断裂
新华都·海物会	2017.5	2018 年有 143 家门店，2019 年上半年关店 48 家	"餐饮＋超市"业态，长期亏损
京东 7FRESH	2018.1	2019 年 12 月关闭第一家店； 2020 年有 21 家门店	模式类似盒马，缺少竞争力；线下供应链薄弱
小象鲜生	2018.5	最多开出 7 家，2019 年 4 月相继关店，2020 年 10 月停用 App	供应链管理的人力财力成本过高
地球港	2018.1	2018 年 11 月关闭全部 5 家门店	"自营＋孵化"的模式投入成本高，资金不足
呆萝卜	2015.10	最多时在 19 个城市扩张到 1 000 家； 2019 年 11 月关店； 2020 年 1 月申请破产重整	订单量不足，客单价格低；通过补贴拼价格快速扩张
七只考拉	2017.2	一年共扩张 3 000 多家公司，设有 5 000 个货架。2018 年 1 月下旬裁员 90%，5 月停止货架业务	资本助推盲目扩张； 技术门槛低，恶性竞争大
GOGO 小超	2017.9	两个月投放 500 多个点位； 2018 年 2 月停运，全国无人货架第一家倒闭的企业	投放策略错误，货损率过高（大量投放到流动性强的写字楼，出现货物丢失）

续表

新零售企业	创建时间	门店数量运营情况	主要关店原因
猩便利	2017.6	5 个月投放 3 万个无人值守便利架点位和 10 多家智能自助便利店；2018 年 1 月开始裁员、撤站	资本过度追捧、盲目扩点位、缺少清晰盈利模式
缤果盒子	2016.8	2018 年 9 月有 293 家门店； 2018 年 10 月启动裁员； 2019 年 1 月一周内裁员 100 多人	快速落地，身份不明确； 销售额低，不盈利
果小美	2017.6	2018 年 4 月开始停运，清空仓库	融资失败；资金链断裂，大多数城市缺货率超过 50%
天使之橙	2012	2016 年获得 4 亿元 B 轮融资快速扩展；2019 年因为被查食品安全不符合规定，陷入暂停风波	食品安全的问题运营方罚款 119 余万元，影响消费者信任度

• 资料来源：作者整理所得。

第二节　新零售全渠道模式的新要求与新问题

2016 年 11 月，国务院办公厅印发《关于推动实体零售创新转型的意见》，强调“建立适应融合发展的标准规范、竞争规则，引导实体零售企业逐步提升信息化水平，将线下物流、服务、体验等优势与线上商流、资金流、信息流融合，拓展智能化、网络化的全渠道布局”。全渠道零售是指企业尽可能多地组合和整合零售渠道（实体渠道、电商渠道和移动渠道等）进行销售运营的行为，以满足消费者购物、娱乐和社交等综合需求，从而提高消费者体验，促进消费。

当下消费市场呈现移动化和分散化的特征。一方面，消费者对特定商家、特定品牌、特定渠道的消费忠诚度逐渐下降；另一方面，消费者的一次购买行为可能需要在好几个渠道中自由切换，比如要从实体渠道中触摸实物或体验服务，从电商渠道中了解和比较价格、下单支付及快速退换货，从移动渠道中查看和交流消费体验，一次消费需要满足消费者对于购物、社交和娱乐的综合体验。

因此，割裂分散的消费渠道不能有效地满足消费者全部的消费需求，进而影响消费体验，零售企业需要为消费者提供多元的场景体验，让消费者突破时间和空间的消费限制，享受方便消费、快乐消费。新零售的全渠道模式指的是以满足消费体验为核心的全域营销，通过大数据、互联网、物联网与新物流的技术支撑，使消费场景在空间和时间上得到最大限度的延展，实现全渠道不同消费场景的链接与融合，使零售终端对不同时间、不同空间的消费者实现全覆盖，满足消费者多渠道消费的需求。

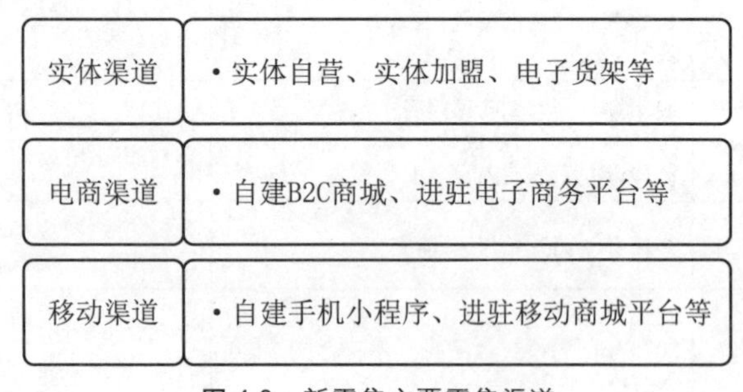

图 4-8 新零售主要零售渠道

• 资料来源：作者绘制。

一、新要求：构建去中心化的全渠道运营体系

随着信息技术的发展和消费渠道的极大丰富，消费者再也不会集中选择某一个或几个渠道去消费，也不再局限于特定场所和特定时间。消费模式从集中的商圈、单一的渠道、核心的品牌转变为去中心化的商圈、多元的渠道、丰富的品牌。因此，在新零售全渠道模式下，企业需要构建去中心化的网络运营体系，通过大数据、通信技术和人工智能等数字化技术，找出尽可能多的消费触点，打通零售各个环节，整合线上线下零售渠道，最终建立去中心化的网络运营体系，包括线上线下的数据管理系统、交易支付系统、物流配送系统等。

全渠道模式不是简单的线上电商增加线下体验店，或者线下实体店进驻线上电商，而是需要线上线下全渠道全触点无缝融合，融合的关键难点在于全渠道全触点的数据化。所谓“全触点”，指的是消费者与销售企业发生联系过程中的一切接触的点，包括客户与销售人员之间的互动，客户在消费场景的体验等。因此全渠道全触点涵盖消费者购物的所有环节，包括售前、售中及售后所有阶段。

所以，新零售需要依靠数字化技术将线下实体店、线上订单、支付环节、库存和仓储系统等零售渠道和触点融合起来，进行全媒体的跨屏运营，充分增加消费者的接触点，完善消费者在每一个触点的体验，才能为消费者提供一致、无缝的“全时全域”的消费体验，从而增加消费者的黏性，触达更为广阔的潜在消费群体，促进消费。

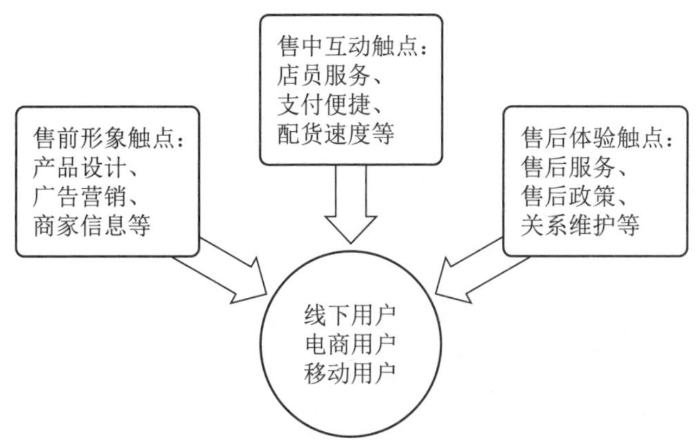

图 4-9　新零售全渠道消费全触点

• 资料来源：作者绘制。

（一）零售全渠道全触点的融合

新零售企业要实现全渠道全触点的有效融合，需要明确融合的发展方向，总体上需要实现以下“三全”的目标：

一是“全线”，需要触达线下实体店、线上电商、移动终端等不同渠道。只有实现不同渠道的一体化融合，才能针对不同的消费者需求和不同的产品特性，有针对性地选取对应的销售渠道，提高零售运营的效率。同时，融合要求线上线下不同场景的消费一致性，实现产品的同款同价，保持产品品质的一致性、服务的一致性、体验的一致性等，从而发挥更大的融合效能，培育高黏性消费者，挖掘更大的数据价值。

二是“全程”，企业需要触达消费者在不同渠道购物的全过程，包括搜寻、比较、下单、体验与分享等零售环节。融合不同渠道可以更广泛地触达潜在消费者，但是从触达消费者到实现交易，需要企业跟踪每一个环节，提高每一个环节的接触体验。因此，在消费的不同阶段，需要多样化的融合方向，比如市场传播广告的融合、物流融合、售后服务融合等。

三是“全面”，企业需要全面掌握零售“人、货、场”的全面信息，即消费的市场主体、交易的产品服务、交易的市场环境等零售构成要素，尽可能全面地掌握信息，才能在消费环境、消费者需求发生变化时及时调整生产运营、保持与消费者的互动并提供个性化的建议，维持企业长期的可持续的发展。

实际上，新零售全渠道全触点模式的“三全”目标，本质是通过零售“人、货、场”的有效融合，解决传统零售的主要痛点问题：一是消费场景单一，企业无法满足消费者的多元化需求；二是传播渠道具有流量瓶颈，企业无法触达增量客流；三是管理运营过程分散低效，经营决策依靠经验而非数据。

因此，新零售全渠道全触点的融合过程需要基于数据的数字化技术支撑，实现综合运营能力的升级，并且数字化的融合技术需要贯穿全程。而融合数字化技术的发展和突破是循序渐进的，所以新零售全渠道全触点的融合过程往往也是循序渐进的：

第一步，通常是从单一渠道或单一触点的数字化开始，逐步实现全渠道全触点的数据化，积累可以实现融合的数据载体。第二步，通过数字化链接把完成数字化的单一场景、单一业态逐步打通、连接起来，形成全渠道全触点的数字化链路，数据要素在零售企业、零售平台、上游生产供应商之间共享流动，实现跨企业、跨渠道的融合，实现数字化运营，提升产业链条的整体运营效率。第三步，则是基于数据要素不断迭代的人工智能算法得到普遍应用，实现"人、货、场"的全面数字化，从而带来新零售新业态的创新更替、模式升级，甚至是构建零售生态系统。

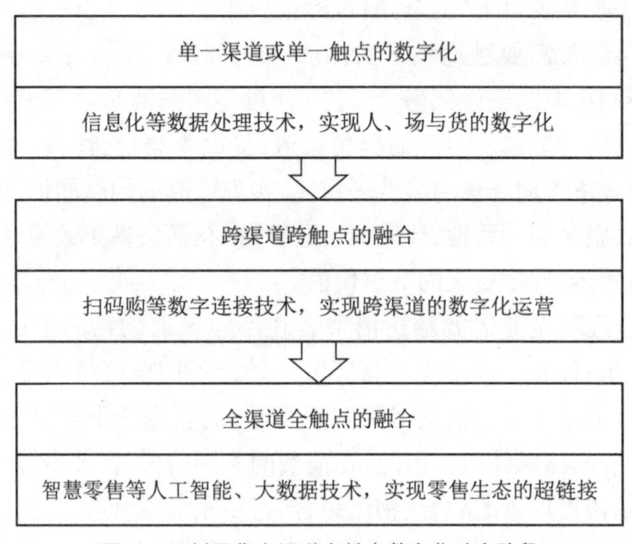

图 4-10 新零售全渠道全触点数字化融合阶段

• 资料来源：作者绘制。

（二）零售全渠道全触点的数字化

新零售期望尽可能多地触达潜在消费者，实现"无处不在"的消费场景搭建，无论是线下的百货公司、购物中心及便利店等，还是线上的网店、直播、小程序等都成为消费的场景，各种移动设备及智能终端等成为消费的渠道，这需要零售全渠道全触点的数字化，形成消费者全渠道全触点行为的可视化。

传统零售模式更多聚焦于商品和服务交易，新零售则基于零售过程的数据，聚焦于提升全渠道和全触点的消费体验，产生的大背景是新零售企业以用户体验为中心的经营模式，依靠的不是经验，而是通过大数据分析，进行选址、风格设计、产品供应等，洞察线下实体店所在地消费人群的消费习惯和商品喜好等属性，使得门店能够更及时准确地获取消费者需求，从而可以及时调整经营管理，最大限度地满足消费者的购物需求。

因此，新零售全渠道是以数据为驱动的线上线下零售企业的融合与运营，需要零售企业运营从数据中来，到数据中去。融合的起点是大数据的收集，即消费过程的数据化。所以，新零售企业的数字化是未来企业转型的重要构成部分。比如天猫新零售通过数字化商品、客户、卖场等信息，构建起以大数据分析支撑的线上、线下融合的购物新平台。平台可以将上述数据共享给上游供应商，为供应商积累消费者的数字画像，帮助供应商设定更为精准的营销场景，提升了消费者全渠道、多场景的购物体验。再比如商家进驻微信小程序，利用微信生态庞大的用户群体，为商家触达激活更广阔的消费者群体。

新零售企业的数据化要贯穿零售运营的各个环节，利用数字化技术生成数据，实现数据的原始积累，通过整合积累的数据实现线上线下的消费链接，通过对数据的结构性分析进行超前的消费洞察，最后完成数据的呈现，帮助零售企业完成消费预测，进行消费模拟和精准营销，优化产品和供应链，从而实现零售模式升级以提升消费体验。

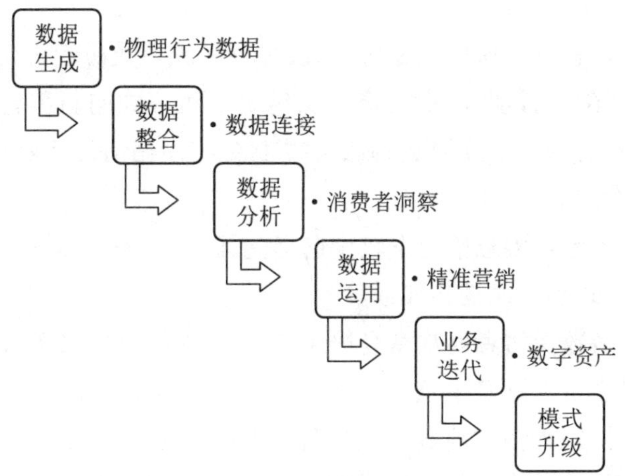

图 4-11　新零售企业数字化转型路径

• 资料来源：作者绘制。

比如数字技术"扫码购"的应用,通过让消费者扫描商品条形码,积累沉淀消费者的到店数据,也可以快速跳转到线上订购,完成跨渠道的融合,为不同的消费场景提供更多的服务方案,在商超场景,用户随买随扫,线上结账,避免了长时间排队、提高了收银效率;而在服饰门店,能够解决店内商品销货断码导致客户流失的难题,消费者只需要一键扫码,就能跳转到线上商城购买,享受送货到家服务。

二、新问题:数字化转型融合困难

首先,参考任建婷(2021)对"盒马鲜生"消费者进行的调查问卷,来研究新零售线上线下融合的现状和发展困境。阿里旗下的"盒马鲜生"作为新零售模式下线上线下融合得较成功案例,已经具备了解决新零售融合存在的很多问题和难点的能力。如表 4-2 所示,从"盒马鲜生"受访者日常的购物方式可知,消费者具有以下特点:

——消费者以实体购物为主,更喜欢传统销售模式;

——消费者倾向于在休闲时购买商品;

——多数受访者认为新零售对生活没什么影响;

——认为线上线下相融合的模式符合时代潮流;

——喜欢虚拟线上一体化选购服务和一体化配送采购服务。

分析表 4-2 的调查问卷结果,可以看到"盒马鲜生"新零售模式主要面临以下三个发展困境:

第一,消费者更喜欢传统零售模式,并有三成多受访者认为线上线下一体化模式太冒险了,说明消费者需要从传统零售模式向新零售模式思维方式和消费方式转变。部分消费者认为线上交易存在信息暴露风险,对线上交易持保守看法。

第二,消费者在紧急情况下较少选择盒马鲜生,说明盒马鲜生在特殊情况下的销售方式需要改进和加强。

第三,大多数受访者喜欢盒马鲜生线上一体化选购服务和一体化配送采购服务,这也是盒马鲜生这类线上平台的优势所在,全时段购物,节约购物时间。但是,绝大多数消费者认为新零售模式对生活没有造成什么影响,和一般生活无异,说明盒马鲜生的零售模式在其智能化、便利化和个性化等方面不能完全满足当下消费者更高的需求。

表 4-2　受访者日常的购物方式

变　量	类　别	数目	百分比(%)	有效百分比(%)
购物方式	网购为主	76	24.1	24.1
	实体店购物为主	163	51.6	51.6
	线上线下都有	77	24.4	24.4
什么时候偏好盒马鲜生	休闲购物	220	69.6	69.6
	紧急购物	96	30.4	30.4
使用盒马鲜生的频率	每周一次	93	29.4	29.4
	每周 2—3 次	139	44.0	44.0
	每周 3 次以上	56	17.7	17.7
	没有购买过	28	8.9	8.9
新零售给你的生活带来的影响	提供了更多便利	112	35.4	35.4
	没什么影响	164	51.9	51.9
	不太了解	40	12.7	12.7
针对线上线下，你有何看法	挺好的，符合时代潮流	132	41.8	41.8
	太冒险，不愿意尝试	109	34.5	34.5
	能节省时间，很方便	66	20.9	20.9
	没什么想法	9	2.8	2.8
你喜欢盒马鲜生的哪些服务	智能一体化配送采购服务	106	33.5	33.5
	虚拟线上一体化选购服务	126	39.9	39.9
	消费者社区互动购物	67	21.2	21.2
	线下无接触一体化购物	17	5.4	5.4
对于新零售和传统零售你更喜欢哪个	新零售模式	90	28.5	28.5
	传统零售模式	148	46.8	46.8
	都很喜欢	76	24.1	24.1
	其他	2	0.6	0.6

• 资料来源：任建婷."盒马鲜生"新零售模式下消费现状及前景研究[J]，商业现代化，2021，(14)，13-16.

"盒马鲜生"的调研问卷表明，消费者确实具有对消费过程一体化、智能化、便利化和个性化的需求，但是也有部分消费者保留了传统的消费习惯，新零售对其生活习惯没有影响，说明当前中国的新零售融合仍然大多数处于概念性的狂热，在实际落地操作中的创新仍然比较有限，存在很多的困难。

新零售的全渠道融合，需要企业完善数据采集和共享系统，进行定制化生产，满足消费者个性化和多元化需求；采用线上线下双线融合，综合线上消费渠道在客户触达、可视化方面具有的优势，以及线下体验、购买支付更加便捷,线上虚拟体验购物和线下体验支付,满足消费者碎片式的需求;对库存进行优化,避免不必要的损耗;与上下游关联公司建立战略同盟关系,扩大企业生产链。

实现这些要求的关键,在于企业数字化转型融合的综合运营能力是否能够匹配,困难主要表现在两个方面:一是企业运营的管理战略,二是企业运营的数字化技术支撑。总体而言,管理层面的融合困难主要存在于运营管理模式、利益分配机制、绩效奖励机制等。技术层面的难题则主要在于数据的多源异构、数据的完整与时效等问题。

(一)全渠道的一体化融合受综合运营能力限制

新零售涉及不同渠道的不同经营方式,在运营、营销和产品布局等方面都会天然地存在差异。比如线上线下一体化融合的理想模式是消费者在线上虚拟购物,线上平台把顾客引流到线下门店进行体验和购买,完成线下支付。线下实体店可以为顾客提供各种服务,线上平台可以满足消费者全时段的消费需求,两者可以相互弥补缺陷。但两者作为完全独立的运营主体,在融合过程中,容易出现多方面的冲突,如产品、价格和物流等方面。当前互联网人口红利逐渐减小,短时间内消费者的数量相对固定,线下实体商业和线上平台存在相互替代性,即线上销售量增加,线下商场人流减少,甚至出现线上销售量增速不足以弥补实体店人流量减少的窘境。

线上线下融合需要双方在消费者信息、价格体系和服务标准等方面实现互通,但两者在彼此竞争过程中实现合作共赢存在诸多困难:一是线上流量为线下实体店带来的收益的程度,二是线下实体店解决线上平台遇到瓶颈的程度到底有多大。相对线下实体店,线上企业比较难以解决两个问题:一是产品的使用体验;二是产品的售后服务,比如修改衣服尺码、维修鞋子等传统服务在线上都无法得到满足,需要考虑如何利用这些服务为线下实体商业引流。这些都需要零售企业提高综合运营能力,然而当前中国零售企业在管理战略、营销策略、实践运营中都还存在很多限制:

首先,在企业运营的管理战略层面,由于中国主体的传统零售企业体量相对较小且布局分散,往往将零售业务局限在各自的渠道中进行管理和运营,内部组建的业务团队相对独立,并且会分别配置相应的营销和供应链资源,制定各自的绩效指标,考核不同渠道销售团队的业绩。即使是相对大型的品牌零售企业在推行全渠道零售时,也并没有突破这一传统的渠道管理思维,由于品牌企业多采用分销或加盟的方式营销,以消费者最终购买和支付为节点,将销售收入划归线上或线下渠道,存在零售渠道割裂的问题。因此,零售企业在内部管理上受到传统经营指标的束缚。如何制定全渠道零售的激励机制,是企业实现全渠道转型运营管理战略层面上的最大障碍。

其次,还有全渠道的营销策略问题,由于中国大多数零售企业缺乏品牌知名度,缺少对产品的深度研究和开发,对消费过程中不同渠道和不同触点的融合更多是局限于电商层面的营销,部分商家认为全渠道的融合等同于电商化,强调线上渠道的重要性而忽略了对线下门店的数据化,强调对物流和信息系统的提升而忽略了对管理模式和激励机制方面的融合。实践中,对于新零售的头部企业,像阿里巴巴、京东等都开始了涵盖不同渠道的全域营销模式,比如目前阿里零售推出的 Uni Marketing,通过建立阿里新零售系统用户的统一身份账户,打通了阿里生态系统,涵盖的所有线上线下媒介,可以进行消费洞察和营销。

然而搭建全渠道的营销框架需要大量人力、财力以及技术支持,并不是所有企业都有如此大的规模和能力对全渠道营销进行布局和维护。大多数小微零售企业都是基于新社交媒体的内容营销或者直播营销,实行扩展的跨屏营销,同质化竞争严重。比如主要都以直播平台或以网络社交平台为载体,以“直播带货”和“社群拼单”的方式,基于流量的输送,以低价吸引客户,服务和产品同质化严重,因此缺少客户的黏性。很多企业线上直播一直处于烧钱的阶段,以礼物和噱头的方式获取流量,昙花一现。

中国新零售的全渠道融合实践还存在以下几个问题:

一是线上线下无法同款同价。如果零售企业在不同渠道实现同款同价,无法提供产品品质的一致性、价格的一致性、服务的一致性等,总会形成竞争淘汰。由于全渠道不仅涉及线上线下的零售企业,还涉及产品的所有品牌商、所有的分销商,因此很难实行彻底的加盟分销体系变革。同款同价有两个成功的典型案例是日本品牌“优衣库”和中国品牌“海澜之家”,两家的线上和线下渠道销量都在迅速增加,其成功的关键是创建了有影响力的自有品牌,这对于多数缺乏品牌基因的中国零售企业来说仍然比较困难。

二是线下零售的展厅现象。由于线上线下没有实现同价同款,线上主打价格的竞争优势,使得线下零售成为线上的“展厅”,消费者成了“线下选,线上买”,这需要加强线上线下的融合交叉合作,也对线下零售提高线下体验的竞争优势提出了更高的要求。

此外,还有线上线下融合合作少和运营管理能力无法匹配等问题,要求企业打破按渠道划分的企业治理框架,协同不同渠道间的利益和行为,这对零售企业的全渠道营销、协同运营能力的提高都提出了转型的要求,需要长期的协作投入,这也是新零售全渠道转型最困难的地方。

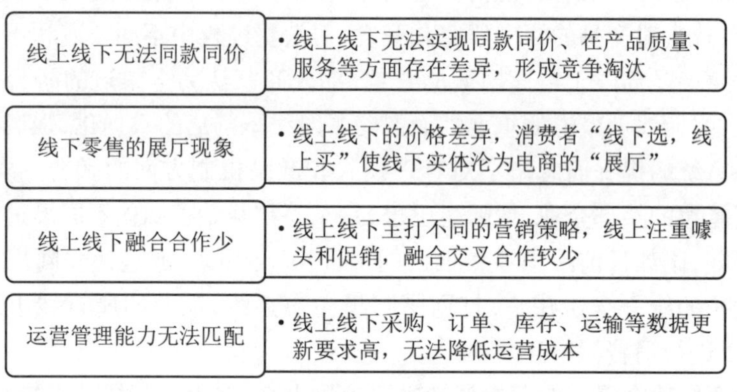

图 4-12　新零售一体化融合的难点

• 资料来源:作者绘制。

(二) 全渠道的数据化转型受技术限制

新零售的头部企业通过长期构建的大数据基础,打通与消费者和供应商的系统链接,为消费者进行信息的数据刻画,为企业运营提供实时的供应链数据,包括订单、客户流量、库存和物流配送等。但这是一个长期的过程,对于大多数中国的零售企业而言,技术的规模效应不足和前期投资较大是两个较大的问题。尽管零售企业高度重视客户体验需求和数字化管理,但是实际运营仍采用传统的模式,基于交易建立客户数据库,基于孤岛式的营销指导消费,而不是通过数据,进行洞察、预测、推送、引导消费及维系长期关系。因此,现阶段新零售业态更多的还是概念型或者是快闪店型,在实际运营中,利用数字化转型实现全渠道和全触点的融合仍然比较困难。

2018 年,中国最早一批的信息技术门户“至顶网”,对全国 500 家企业的数字化转型进行了调研分析,其发布的《2018 中国数字化转型进程调研报告》显示,企业数据化过程中最主要的两个难点是流程和管理的问题以及技术方面的问题,在所有困难中占比前两位,分别是 24%和 16%。企业的数字化困难不仅仅局限于中国,早在 2016 年,德勤对全球企业 CEO 进行全渠道转型调研时统计，有43%的企业认为最大的挑战是无法跟上技术创新，并且云计算、大数据与人工智能等数字化技术是企业关注的技术重点。

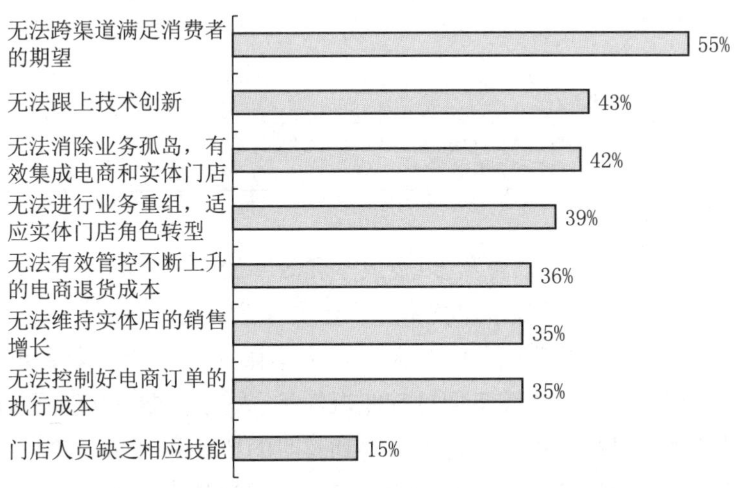

图 4-13　德勤全球 CEO 商务调研：全渠道转型内部挑战 CEO 认同率

• 资料来源：至顶网.2018 中国数字化转型进程调研报告[EB/OL].（2018-12-18）. www.zhiding.cn。

新零售数字化的前提是零售各个环节实现数据化的提取，即所谓的零售数据化，需要数据化客流、数据化场景及数据化运营等。如表 4-3 所示，新零售消费过程中的消费者数据包括线上行为数据（访问量、平均浏览时间等）、线下物理数据（地域、性别等）、回访的体验数据（投诉、物流、售后服务等），从而实现对消费者的数据可视化呈现，提高消费者体验。零售商数据包括库存、订单量、周转率、商品结构、获客成本等经营数据，这些数据的全面打通，可以重构生产流程，实现数字化运营，提高经营效率。数据化的过程包括数据采集、数据的实时分析、数据的融合与分类、数据的预测应用等。

在零售企业的数字化实现过程中，技术层面的难题主要在于数据收集多源异构、数据融合的时效等问题，无论是线上还是线下零售企业，都存在一定的技术限制。比如阿里巴巴在 2016 年“双十一大促”当天，下属的大数据计算平台 Max Compute 利用数万台服务器，处理了近 200 万项计算任务，处理了超过 180PB 的数据，实时数据处理平台 Stream Compute 当天则处理了 3.7 万亿条记录，这需要企业强大的数据收集和处理能力，以及成本的投入，对于大多数的中国零售企业来说这是不可企及的。

表 4-3 新零售消费数据应用

<table>
<tr><th colspan="2">数据类别</th><th>细节数据</th><th>信息刻画</th><th>数据应用</th></tr>
<tr><td rowspan="3">消费者数据</td><td>线上数据</td><td>访问量、平均浏览时间、转化率、流量来源等行为数据</td><td rowspan="4">消费偏好
消费能力
……
供应链管理
……</td><td rowspan="4">精准营销
规划生产
……</td></tr>
<tr><td>线下数据</td><td>地域、性别、行走路线、逗留时间等物理数据</td></tr>
<tr><td>回访数据</td><td>投诉、品类、价格、物流、售后服务等体验数据</td></tr>
<tr><td>零售商数据</td><td>经营数据</td><td>临场数据、订单量、周转率、商品结构、获客成本等经营数据</td></tr>
</table>

• 资料来源：作者绘制。

由于数据化技术仍未普及，以及成本和效率的平衡等问题，中国零售业转型升级仍然存在缺乏数字化技术和平台支撑的障碍。

在收集消费者数据方面：中国大多数中小微零售企业店多采用原始手段收集消费者信息，比如线下通过智能摄像头、人工记录成为会员等低效的方法来收集购物数据，由于数据没有得到及时的留存和打通，传统零售企业从生产加工到物流运输和营销售卖都存在一定的问题，诸如生产不足、库存积压等。此外，大多数企业在不同地区运营对应不同的系统和业务部门，各自拥有独立的数据收集、分析和储存方式，各部门的数据信息无法连通兼容。尽管企业开始意识到不同渠道间数据融合的重要性，制定了不同系统间的数据传输制度，但是随着客流数据的增加，当不同渠道呈现不同步的增长时，渠道间数据的协调与传输也会出现推迟、推脱、不匹配等问题。

在整合分析数据方面：很少有企业覆盖线上线下全渠道的数据链，对于数据收集到什么层面，保证收集到的数据不失真等方面存在很大的困难。在数据收集不完整的情况下，企业需要投入大量成本、大数据技术人员及多部门协调共同进行数据分析，从而获得消费成本、效果和商品结构等数据结果。目前新零售整体上缺乏对成本的控制，比如数字化技术对线下门店的智能化改造，无论是对 App 的开发，还是 POS 机和整个结算体系等数据同步，都是对整个系统和架构的巨大挑战，都要投入大量人力、物力和财力。

第三节 新零售全品类模式的新要求与新问题

随着技术水平的提升和消费水平的提高，消费者对于商品和服务的需求也日益个性化和多元化，他们逐渐不满足于只能购买零售商柜台里产品。

一方面，消费者希望能实现一站式购物，在一家零售商店能够买到越来越丰富多彩的产品；另一方面，消费者也想参与到产品的设计生产环节，获得个性化的产品；此外，消费者也希望能够直接与生产商对接，减少中间环节，从而降低购物成本、提高消费便捷度。伴随着电商时代的到来，成熟的平台销售模式、完善的物流服务为满足零售企业和消费者深度参与产品的全生命周期提供了可能。目前，淘宝的天天特卖工厂就是一个直接连接消费者和生产商的子模块，消费者可以直接从厂家购买到各式各样的小商品。同时，淘宝的有些卖家也会提供DIY的原材料以及加工服务，消费者可以在商家那里直接购买各种各样的配件，并且让店家按照自己的意愿加工好，然后自己在家制作出个性化的产品。

因此，新零售时代，零售企业需要向"全品类"模式转型，其核心是零售企业和消费者都需要深度参与产品的全生命周期。对于零售企业而言，一方面需要深度参与产品的全生命周期，打造零售的生态系统，尽可能地提供"全品类"产品；另一方面，需要尽可能地让消费者参与到产品的全生命周期，满足消费者个性化和多元化的体验需求。

然而，现阶段零售企业达到全品类模式，让自身和消费者深度参与产品的全生命周期还存在诸多困难。虽然消费者可以实现部分产品的个性化定制或者以更低的价格从厂家手里买到物美价廉的产品，但是这种模式并未被广泛运用到大多数商品的生产和销售环节，尤其难以在科技含量高、客户体验要求高的产品中得到应用。总之，新零售时代，零售企业和消费者深度参与产品全生命周期不仅是一种旺盛的需求，还是零售行业一个必然的发展趋势。

一、新要求：构建深度参与产品全生命周期的运营体系

传统零售需向全品类模式转型，促使企业与消费者都深度参与产品的全生命周期，为了分析零售企业向这种新零售模式转型所面临的考验，在此借鉴王正沛和李国鑫(2019)对新零售与传统零售运营模式的比较研究，从以下三个方面进行差异分析：

第一，相较于传统运营模式，新零售的运营模式将消费者纳入生产环节。传统零售模式的零售商局限于商品交易和服务交易环节，而新零售的运营模式将消费者作为上游服务体，在商品的生产环节已将消费者的需求纳入考虑。也就是说，传统零售模式中，只有消费者和零售商之间有所联结，

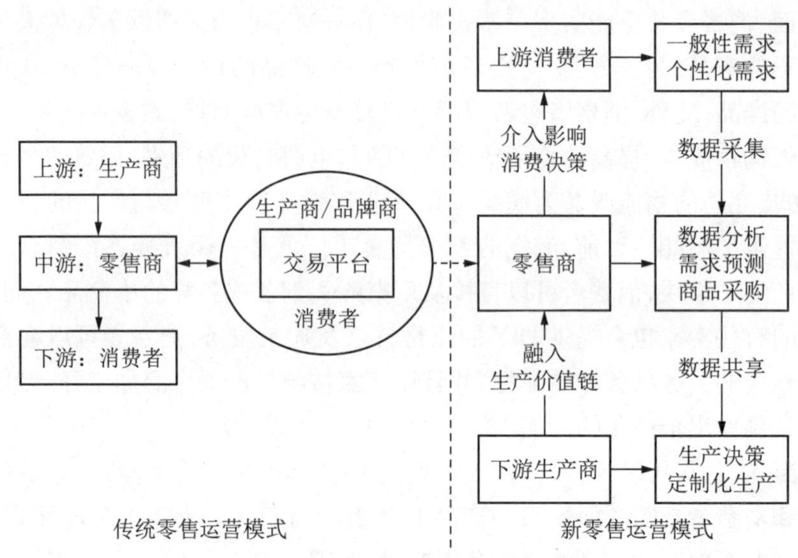

图 4-14　新零售与传统零售运营模式对比

• 资料来源：王正沛，李国鑫.消费体验视角下新零售演化发展逻辑研究[J].管理学报，2019，16(03)。

而在新零售运营模式下，消费者不仅仅与零售商之间有链接，还与生产商之间有链接。这显然对产品生产和销售环节的运营提出了新的要求。

第二，相对于传统运营模式，新零售运营模式下，消费者、零售商与生产商三者之间的关系更为紧密复杂。一方面，零售商与上下游的合作关联越来越紧密。在传统模式下，零售商与其上下游—生产商和消费者—的关联较弱并且比较单一。过去零售商与生产商的联系就只发生在批发采购过程中，与消费者的联系就只发生在零售服务中。但新零售模式要求零售商通过客户管理和决策辅助服务来维持客户关系，也要求零售商积极为生产商的生产决策提供信息支持。另一方面，零售商与生产商、消费者之间的竞争关系越来越复杂。由于在新零售模式下，生产商和零售商都可以直接为消费者提供终端产品，生产商也愿意将产品直接面向消费者销售，相较于给零售商的供给价格，可以获得更高的销售收入，因此生产商和零售商的竞争关系不言自明。但是，零售商相较于生产商对于市场环境的改变更灵敏，对于客户数据的收集更具有优势，生产商与零售商合作可以及时调整生产计划，能够获得更大的市场占有量，因此生产商又有动力与零售商合作。此外，由于消费者可以接触到更多的供应商，零售商与消费者之间关系的主导权变弱了。然而，零售平台推出的定制化产品以及良好的购物建议能让消费者获得更好的消费体验，故而消费者对零售平台的依赖和忠诚又在增加。

第三，在新零售模式下，理论上消费者可以在需求触发、购物场景、营销模式、购物方式等方面获得更高质量更全面的消费体验。新零售模式下，消费者的需求触发模式、诱导触发机制更加多元化；购物场景更加多样化、立体化，消费者在更为丰富的购物场景下更容易引起次生的购物需求；通过大数据对消费者的需求偏好进行刻画、追踪和预测，营销模式将变得更加智能化、科学化和人性化；在新技术的广泛应用下，消费者购物选择更加自主化，购物过程更加智能化，购物带来的愉悦与幸福指数也会增加；消费者的购买行为将面向场景化购物，曾经的单一需求点购物扩展成了需求供应面购物。

总而言之，相对于传统零售模式，新零售模式在运营模式、零售商与生产商和消费者的关系，以及消费体验方面都有了新的变化。

以这样两个案例为例：一是天猫平台与五芳斋合作在端午节推出定制粽子服务。[①]二是天猫平台与奥利奥推出绘制个性饼干的服务。[②]在这两个案例中，零售商已经从传统模式下单纯的销售者，变成了新模式下消费者信息的搜集者和应用者。一方面，零售商可以从平台的销售数据、客户数据中分析出消费者的偏好和需求，这些消费者的信息可以用来预测销售量和销售额，从而为生产商提供生产决策支持，使生产销售活动变得更加高效。另一方面，零售商其实也影响了消费者的消费决策，消费者从中获得了更多的选择，从而获得了更好的购物体验；同时，零售商利用其信息上的优势使得产品的两个终端——生产端和使用端——联结，消费者的偏好和需求与生产商的价值链得到了更好的链接，消费者参与产品全生命周期的需求得到了满足。

通过以上案例可以看到，新零售模式的出现对零售企业的运营能力提出了以下三点新的要求，并且这些要求都依赖于大数据和物联网技术的支持，不管是信息的搜集和加工，还是利润的预测和方案的选择，都需要新技术在企业运营过程中的支持：

---

① 在端午节这天，天猫平台推出了“定制五芳斋粽子”活动。消费者在天猫平台购买五芳斋粽子的时候，可以就粽子的口味和风格按照自己的意愿进行定制，而不是像平常那样，只能在订单页面的几款制成产品中做出选择。根据消费者需求定制的粽子，种类上要比平时支撑产品多出很多，这对食品的生产制造流程提出新的要求——能够对标准产品实现非标准化定制。

② 奥利奥在天猫平台上推出个性化定制活动，允许消费者按自己的意愿为定制的饼干涂色、填色，而这一活动在 3 天内共销售了 4 万份定制款奥利奥，拿下了将接近 600 万元的销售额。

（一）开展"线上十线下"一体化的转型

传统零售模式下，一个商品从生产到消费者购买往往要经过两个过程：首先商品在生产加工之后，以批发的形式从生产商转移到零售商，而后通过零售环节销售给消费者。消费者只能接触到后面的一个环节，也就是只能从零售商手里购买商品。在物流体系不发达的时代，这种销售模式有利于在满足消费者基本需求的情况下，最大限度地提高资源配置效率，并且降低搜索成本，但是传统零售企业通常只作用于商品和服务的中间交易环节。

新零售模式下，零售企业可以通过数据采集和数据共享，将消费者洞察、消费者反馈等信息提前融入生产链中，从而影响消费者和生产决策，打破产业链和营销渠道的边界上限，为消费者提供一站式的消费解决方案，满足多样化的消费需求。

对于线下零售企业而言，零售企业需要重新定位线上和线下功能，全面协调电子商务和实体零售的各个环节，并使得线上线下能够有效融合。当下电子商务市场的不断发展仍然使得线下实体零售业面临严重的冲击：一方面，传统实体零售企业运营的产品供给具有同质性、单一性的特点，难以满足消费者越来越多元化和个性化的需求；另一方面，线上零售对线下零售产生了剧烈冲击且难以逆转，尤其是在疫情之后，线上经济的重要性日益凸显。

对于线上零售企业而言，零售企业可以拓展为线上销售和线下体验的模式，积极拥抱信息技术和大数据技术，以消费者为核心带动实体销售和上游供应。一方面布局线下零售，满足消费者到店接触产品、了解产品性能，同时体验相关产品服务的需求；另一方面，以线上销售为核心，生产商和品牌商可以打破传统的空间和时间限制向消费者展示更多产品，满足消费者个性化和多样化的需求。零售商应当同时创建信息集成的供应链管理系统，实时监测和调节供应链线上线下的协同度，实现线上线下一体化目标。

（二）培育与全供应链相匹配的运营能力

新零售环境下，零售企业要打造跨域全供应链的一站式零售系统，需要零售企业具有相匹配的综合运营能力。以现有的较成功的新零售企业为例：阿里巴巴以电商平台为核心，同时布局线下零售，孵化供应链、支付、物流和大数据等系统，从内部调整，打造零售生态系统；京东通过对外投资，不断与上下游关联公司合作，在零售产品的供应、销售、仓储等方面，将外部的供应链相关企业纳入大零售生态圈。

这种新零售模式不断更替升级的背后原因是“成本、效率与体验”间的平衡要求,无论是从零售企业内部转型还是依靠外部合作,新零售的全品类模式兼顾了线下零售的消费者体验和电子商务的多样化需求,但是对供应商的资金成本和技术水平提出了更高的要求,场地成本、流量与渠道成本、人力成本等不可小觑,产品质量管控、员工管理服务培训要求更高,企业综合运营能力要全面提高。

二、新问题:与全生命周期相匹配的综合运营能力提升困难

(一)综合运营中的投入与产出平衡不够

成本、效率与体验存在一定程度的悖反关系,高体验往往需要较高成本与效率,转型成功的零售企业往往借用资本的力量提升运营能力。新销售时代,消费者成为市场主体,消费者的体验往往决定产品的口碑和销售量。为了实现利润最大化,企业需要确保产品和服务给消费者带来高体验,进而导致企业较高的运营成本。

对多数新零售门店来说,只有扩张才能快速获得更多用户,快速扩张的要求容易导致运营管理不善。门店的快速扩张需要企业大量资金的支持,一方面会挤占企业产品的生产资金,导致部分产品出现短缺;另一方面可能会加大企业负债,降低资金周转速度,影响企业后续投资决策。同时快速扩张的门店企业管理难度更大,在人员管理、人员调配、门店的选址、商品的陈列等方面难度加大。最为致命的是,门店扩张带来的收益远不及扩张增加的运营成本,企业出现亏损。更高的消费者体验对供应商质量品控、员工服务要求更高。全品类模式的构建,尤其是线上线下一体化模式的发展尤为重要。

对于线下零售而言,房租、人工等必要成本的提升不断压缩零售商的利润空间。对于小型零售企业而言,线下的数字化改造投入大、技术难,由于电商利润空间变窄,此时转型的线上成本甚至可能高于线下。对于大型的零售企业而言,由于零售业务高度重叠,不仅会受到中小型零售商时不时的冲击,还会受到其他大型零售商的挑战。为了维护自身的原有优势和抢占流量高地,大型的零售企业往往要付出越来越高的边际成本。

对于线上零售而言,同质化产品竞争越发激烈。随着线上流量红利逐渐消失,而线上销售成本居高不下,抢占流量成了零售的核心。随着平台经济格局日趋平稳,市场中的大型电商平台都有其各自的领地,中小型零售商

的线上业务，无疑像是在夹缝中谋生。此外，互联网人口红利减少，线上销售获客成本攀升，电商空间收窄，流量的垄断度越来越高，尤其在主流 App 和北上广地区电商发展较成熟的地区。2018 年，亿欧智库发布的《2018 年中国新零售市场研究报告——概念、模式与案例》中发现，阿里巴巴线上平台单个活跃客户的相关成本逐年增加。

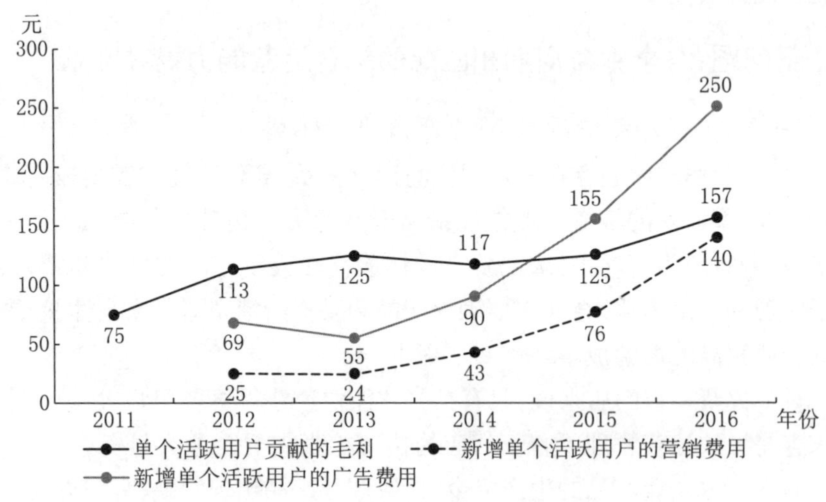

图 4-15 阿里单个活跃客户相关成本

• 资料来源：亿欧智库.2018 年中国新零售市场研究报告——概念、模式与案例[DB/OL].(2018-01-15).www.iyiou.com。

此外，竞争方式不足提高了零售行业的运营成本。当下，频打价格战、频繁促销仍是中国零售企业竞争的主要方式，而这往往导致"低价—低质—低创新"的恶性循环。与此同时，随着对外开放的深化，国内零售商也面临着国外购物渠道越来越多的冲击。随着免税店的开设和代购渠道的扩展，消费者越来越容易买到各类海外大牌，对产品质量、产品品牌的需求逐渐升级，对主要依赖性价比优势进行竞争的中国小微零售而言，进一步提高了对产品质量和品牌营销的投入成本，而这在短期可能无法与所获的利润达到平衡。

（二）全供应链中和消费者的协同触达不够

新零售时代，技术提升和消费者主权转移，使得产品生产和供应链的链条会不断融合并大大缩短，并且消费者、零售企业和供应商之间的接触是多触点、多网络的网状模式。新零售供应链趋势逐渐从后向供应链转向前向供应链，因此零售企业需要依赖大数据来洞察用户消费并优化供应链模式。

一方面要加强对上游产业链的管控，减少成本的同时保证品质；另一方面要向消费者延伸，加强联合协同以提供更好的消费体验。

供应链服务原本是指对客户的生产及物流进行系统化管理，协同前端销售、预测生产、进行科学分仓管理、库存共享管理，提供工厂到仓、经销商、门店和消费者的全链路供应链物流解决方案。而实际上，现实中企业的供应链一般仅主要局限于前向供应端，即设计、生产、物流等职能，不能及时、全面地了解消费者的需求、习惯、喜好等信息，无法准确进行销售预测，不能定制化进行生产，导致库存积压，资金周转不畅，不利于企业长期稳定发展。供应链缺乏向消费者的延伸，生产商重在减少成本、保证品质却忽视消费者带来的市场需求变动，生产商在生产产品时没有将消费者纳入生产链范畴，不能科学、系统地分析消费者的需求，导致供给与需求不均衡，市场无法出清，造成资源浪费。

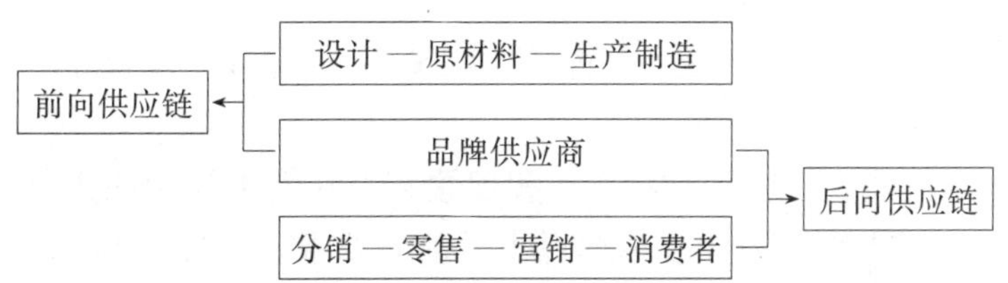

图 4-16　新零售供应链趋势：从后向供应链转向前向供应链

• 资料来源：希疆.新零售时代供应链发展的五大趋势[EB/OL].阿里供应链研究中心(2017-06-10). https://www.sohu.com/a/159219697_463967。

供应链转变的主要一个难点是缺少认知层面上的“用户思维”，从零售结果预测消费者需求，使整条供应链对市场需求响应及时。因为缺乏相关消费者数据库的建立，单从零售结果来分析消费者需求不具有前瞻性，被动地接受市场需求信息，致使整条供应链对市场需求效应不及时。同时单一地分析零售结果，而不分析消费者消费行为、消费时间、消费习惯等特点，只能片面地了解消费需求，整条供应链只能满足部分市场需求，后续根据实际情况作出调整也会失去市场先机，造成市场供需短时失衡。其中，平台制定的规则约束也会影响市场的活跃度，比如入驻的商家必须服从统一的管理，在规范了商家的行为的同时也约束了商家的发挥。比如，在“双 11”和“618”等大型购物节中，电商平台强制入驻的零售商参与活动，从而造成部分零售商受损甚至亏本。

此外，供应链的可视化和智能化程度不高，也是影响和消费者触达的另一个主要难点。供应链可视化可分为文档可视化、业务过程可视化和 KPI 绩效可视化三个层次。文档可视化，即对业务中的文档发送或接收、处理的状态进行跟踪，并通过多个传输系统对文档多个系统导入多个系统的过程进行全面监控和管理。业务可视化是指将企业自己内部及交易伙伴的电子订单进行处理，使收发货业务相协同，匹配相应的物流操作，基于互联网浏览器，提供从数据传输、业务数据、结果差异到实时异常呈现的不同层次的能见性。KPI 绩效可视化是指用户可以发现相应业务的延迟和瓶颈，找出表现不佳的贸易伙伴。协作多方共享绩效指标如订单满足率、准时到达率、货架缺货率等，应用这些重要的依据指导供应链管理乃至指导产品策略。现实中业务可视化和 KPI 绩效可视化程度不高，不能大大提升供应链的透明度，也无法建立有效的多方共享绩效指标，影响整个零售业的运行效率和消费者的消费体验。

第四节　新零售全时段模式的新要求与新问题

中国居民消费层次、结构、方式和理念都正在发生深刻的变化，对生产环节和流通环节的结构性改革都提出了新的要求。2015 年国务院办公厅印发的《关于推进线上线下互动加快商贸流动创新发展转型升级的意见》、2016 年的《关于推动实体零售创新转型的意见》等系列重要文件，将推动流通转型发展、激发消费活力、释放消费潜力提升至国家战略层面，为扩大消费需求和促进经济增长提供有力支撑。哈佛商业评论统计数据表明，大约 73%的消费者会使用多种购物渠道，包括从线下实体店到线上平台及移动应用平台的全部内容。尤其是随着线上平台与新物流的融合，不断涌现的新零售模式不仅为企业多渠道发展提供了强有力的技术支撑，也让人们可以逐步摆脱实体店营业时间和物流运输时间的束缚，最大限度利用碎片化的消费时间，实现随时消费。

在各类企业推动新零售发展的实践中，阿里巴巴、苏宁等企业秉持“利用新技术以最大限度地促进全社会流通零售业的运转效率”的核心价值，积极探索流通领域转型创新，推动各类泛零售业态蓬勃发展。例如，以天猫为代表的新零售企业倡导线上、线下、物流的融合发展，充分利用生产、物流供应链的数字化建设，满足全时段的消费需求。

一、新要求:构建物流供应链数字化的运营体系

当前,中国正处于传统销售模式向新零售模式与供应链数字化转型的关键时期。在这一阶段,生产商开始利用信息技术、大数据分析系统,对消费者的消费行为、多元化与个性化的消费要求进行大数据分析,从而进行销售预测和定制化生产。在互联网时代,供应链的数字化建设不仅能够为零售企业引入数字化的信息技术和运营、客户管理等方面的模式创新,更为重要的是,供应链的数字化可以更为有效地精准洞察企业的消费需求,更好地实现产品时效性,提升服务水平。

新零售的全时段模式呼唤新的物流体系,需要物流供应链的数字化建设。传统零售只能到店消费,而电子商务缺乏线下零售不可取代的可体验性。新零售要求顾客可以全天候、全时段都能买到商品并能获取满足的体验,实现到店自提、同城配送、快递配送等,这就需要对接数字智能配送、物流体系以缩短配送周期。

新零售的新物流将"店外"配送体验纳入整个消费过程中,从而可以减少从线上购物到家中收货或货运进程中的时间。同时,随着信息技术的发展和产业数字化的不断深入,当前新零售的新物流呈现出以下几个特点:(1)少量多次的城市配送订单大量增加;(2)货品种类繁多,配送时间越来越短,要求高效精准便捷的物流供应链交付体系;(3)阿里、京东、亚马逊等头部零售企业加紧了物流的数字化建设,推出无人仓等智能设施,提供半日达、当日达、夜间配、预约配等不同时段服务。

新零售全时段模式的实现依赖于数字经济的发展(电子商务属于数字经济的一种),而新零售涉及产品生产生命周期和物流的全过程——全生产供应链、物流供应链,要满足消费者全天候、全时段的消费需求,就需要全生产供应链和物流供应链的数字化建设。

处于上游的生产商,需要利用大数据技术,构建大数据分析系统,全渠道收集、整理线上线下所有消费者数据,对消费者的消费类别、消费偏好、消费时段、消费行为等进行分析,可以在实现定制化生产、减少库存、降低物流成本、加快资金流转的同时,完成对于销售的准确预测。

处于中游的物流平台,需要基于生产供应链的大数据、数字化建设,制定有针对性的营销方案和货物分配,进而优化仓储、运输和服务,缩短商品运输时间,并减小其在运输途中破损的风险。

对于下游的零售企业，建立线上线下共享体统，帮助消费者了解门店布局、产品特色与优惠营销活动，利用线上虚拟系统体验购物，线下体验支付，线上线下的双线融合可以满足消费者全时段和碎片化的消费需求；线上销售可以打破门店的空间限制，满足消费者全时段、全天候的消费需求；线下门店的场景布局逐渐凸显主题化与场景化特征，在商品陈列方面突出创意性，让消费者可以通过多渠道了解品牌文化，满足消费者品质体验的需求。

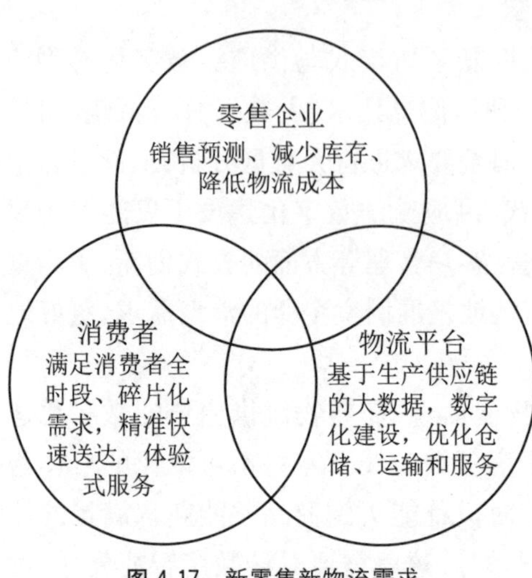

图 4-17 新零售新物流需求

• 资料来源：作者绘制。

（一）物流的数字化和智能化

在新零售模式下，不同行业的全生产、物流过程将与电子商务进行有机结合，并推动线下实体商业和物流产业的综合发展。新零售模式中，消费场景越来越分散，订单越来越急，消费频率越来越高，这些都对配套物流提出了极高的要求，需要物流的数字化和智能化。

一方面，新零售模式下，电商快速发展，对物流的速度和处理能力有了更高的要求。在 2013—2018 年间，中国社会消费品零售总额和商品网上零售额及其占比都在显著增加。这说明，不仅消费者网购的占比越来越大，而且网购的数额也越来越大。线上迅速增加的销售量导致对物流配送的需求量进一步提高，要求相应量级的仓储量以备发货所需，为了节省物流运输时间，在全国主要市场建有仓库以备就近发货。这会导致企业建立更多的仓库和更大的库存管理系统。物流公司要维持庞大的物流体系运转必然要付出巨大的成本和承担巨大的风险，这对库存管理提出更高的要求，从而加大了管理难度。

另一方面，新零售模式使得物流行业的“碎片化”趋势越来越明显。经济的高速发展使得人们的生活节奏越来越快，而科技的高速发展使得人们在不同状态下的切换变得更加自如。人们往往前一个小时还在公司加班，下一个小时就在电影院看电影，甚至在另外一个城市与亲人聚餐。可以说，人们的生活也越来越碎片化。这种碎片化无疑加剧了消费结构和消费方式的碎片化，从而大幅增加了个性化订单的生产和物流配送的难度。

此外，新零售对物流需求量的提升以及物流“碎片化”趋势的发展，让合理布局物流网点成为一个关键。物流网点布置过密会导致利润下滑，而布置得过疏又不足以覆盖客户群。比如对盒马鲜生来说，外卖需求导致的终端配送问题也是其不可忽略的难题之一。由于生鲜行业对食材的新鲜程度具有较高的要求，商家在运送食材时必须及时配送到消费者手中，否则就可能承担损失和投诉。盒马鲜生面对这一挑战，主要采用了两个策略：一是用诱导门店体验的方式鼓励人们线下采购，二是通过大数据技术来选择合理的门店地址。这是物流数字化的一个重要表现。再比如，连锁便利店在配送时间上没有那么苛刻的要求，但是它面临着来自线上和商业对手两重的竞争压力。因此，连锁便利店的选址变得特别重要，不仅要考虑自己的门店是否已尽可能覆盖核心顾客，还要考虑到对手的行为，这都需要物流的数字化指导。

总而言之，经济的发展促使消费渠道更加多元而贴近基层，订单碎片化和库存碎片化会随着需求的扩张越来越明显。因此，物流供应链一方面要能够应对订单碎片化和库存碎片化带来的高成本，另一方面要持续地维持客户满意度，这需要更好的组织结构和运营结构。所以，只有在物流的数字化和智能化的支撑下，新零售模式才能更好地维持消费者对商品的实物体验的同时，做到压缩商品的储存时间、节约仓储成本。

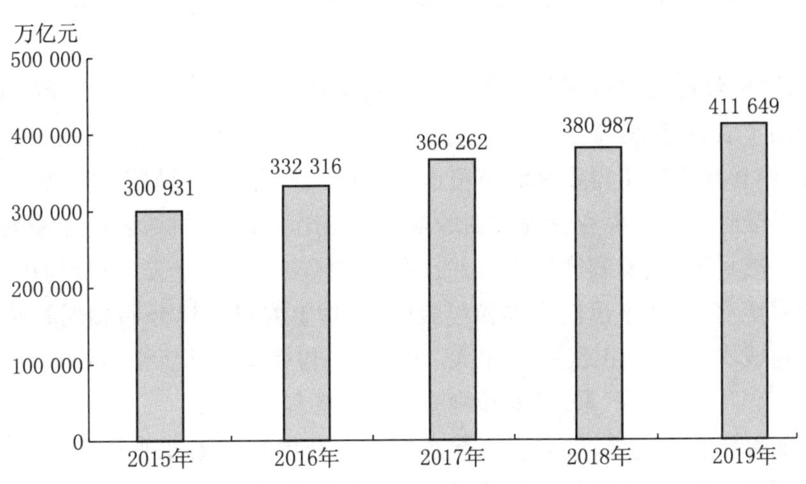

图 4-18　2015—2019 年社会消费品零售总额

• 资料来源：Wind 数据库。

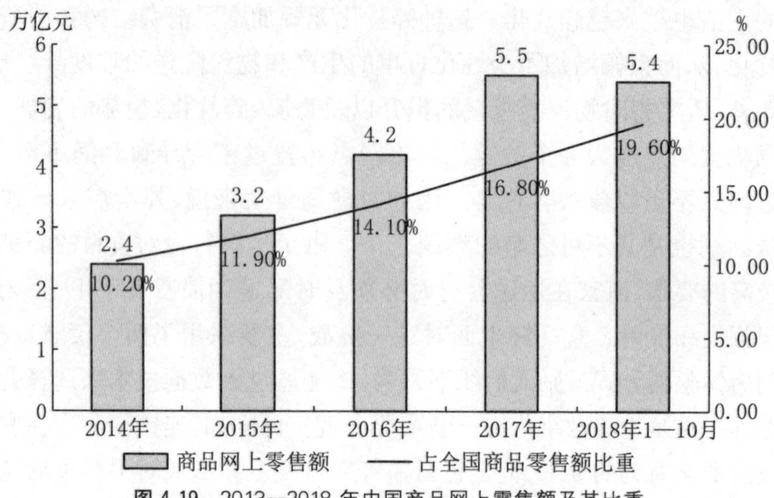

图 4-19 2013—2018 年中国商品网上零售额及其比重

· 资料来源:王荣花.基于新零售模式的物流行业发展策略分析[J].现代营销,2021(01)。

(二)末端物流的服务提升

末端物流是物流系统的神经末梢。末端物流的配送满意度极大地影响了产品销售量和顾客忠诚度。在新零售模式下,末端物流的服务难度日益加剧,消费者不仅要求配送及时,还要求产品完好,并且容易签收。除了消费者生活碎片化和消费渠道下沉之外,在末端配送中,还有很多人力所不能抗拒的因素会对末端配送的质量产生影响,诸如天气、交通等。因此,如何尽可能克服不利的因素以维持较好的客户满意度也是末端物流需要克服的一个问题。

此外,经济发展带来的渠道下沉也对末端物流的要求提高。经济的发展拉动了农村经济,基层的人们也可以从手机中随时下单购买商品和服务,这样,销售网络就不得不从城市覆盖到农村。一旦产品要配送到农村,就更加容易受到交通和库存管理方面的限制。相比城市,农村地区更加偏远,离仓库距离更远,调配难度加大。并且农村地区交通条件更差,对货物运输包装要求更高,增加了运输成本和包装成本,加上农村人口分布相对稀疏,人均配送成本较城市相比,也要更大。因此,销售渠道的下沉使得订单碎片化和库存碎片化更加严重,对末端物流的运营管理要更高。

随着科技的发展,很多智能配送终端已经出现。比如亚马逊物流系统的数字化转型,首先亚马逊运营时充分利用数据和算法了解客户的需求,设计出产品的商业逻辑;其次,通过云服务、亚马逊语音信箱 Echo、亚马逊 Go

智能购物商店、亚马逊机器人等科技手段,亚马逊大力开展智慧物流建设,目前已经建立起包括亚马逊生鲜在内的全球物流运输网。智能物流不仅提高了物流的配送效率,也会增加消费者的好感度,尤其能在恶劣天气下正常工作。然而,智能配送终端的投放会受到很大的限制,这种方式目前只能作为人工配送的补充,而不能取代人工配送方式。总体而言,末端物流要跟上新销售模式的发展,还有待克服很多问题。

二、新问题:物流数字化的配套设施建设困难

要实现线上线下的全面融合,新零售必须要构建物流、资金流与信息流协同运行的活动模式,因此对信息协同和共享提出了更高的要求。协同运作涉及生产和物流的全过程,包括原材料采购、商品订单生成、产品库存、成本结算、商品营销推广、消费者数据的收集和整理等多个领域。新零售模式的优势之一就是能大大简化业务流程,降低企业运作成本,而新零售模式下企业成本优势的建立和保持必须以可靠和高效的物流运作为保障。

现代企业要在竞争中取胜,不仅需要生产适销对路的产品、采取正确的营销策略以及强有力的资金支持,更需要加强“品质经营”,并强调“时效性”,其核心在于服务的及时性、产品的及时性、信息的及时性和决策反馈的及时性。对于消费者而言,物流时效是影响用户体验的关键环节,直接影响对物流企业服务质量的评价;对于企业而言,物流时效则影响到企业的供应链计划,生产、销售等环节的效率直接受其影响;对于物流服务提供商而言,物流时效则代表企业的运作效率,时效性高的服务商可以为客户提供更加快速的物流服务,在激烈的市场竞争中具有很强的竞争力。

(一)存在物流基础设施建设的自然门槛

物流的数字化运营存在自然的技术门槛,中心化调度需要人工智能技术和多维度的数据积累,需要强大的资本和移动信息技术应用支撑。引发自然门槛障碍的具体原因主要有以下几点:人才储备不足,缺少高技术人才,传统的物流企业的员工文化素养普遍不高,技术水平也不高,掌握数字化应用比较困难;物流各个环节割裂,加大数字化难度:物流行业市场庞大,涉及各个环节的物品和人,加上传统物流企业内部组织功能不明确,管理效

率低下,业务上层层下包,导致信息的不透明,各个环节独立脱节,不利于数字化升级;资金缺乏,难以支撑物流数字化:相比于阿里、京东、亚马逊等新零售巨头,多数企业生产规模较小,可用资金额度低,无法独自完成物流数字化建设,在技术和维修等方面的管理成本远高于人工成本,企业不进行物流数字化似乎是明智的选择。此外,还有缺乏相应的移动信息技术应用支撑的问题,目前实现物流数字化的企业一般有两种:一是自己拥有信息技术研发中心,提供移动信息技术应用;二是与其他企业合作,采用已有移动信息技术应用,但信息技术不一定满足企业所需。但是这两种都需要企业强大的资金支持,有时还存在信息不透明的问题。

同时物流数字化还具有以下问题:消费者的需求预测难度高:订单碎片化,最小存货单位数显著增加,大部分供应链参与者存在"预测难"问题;线上线下分立:传统经销体系和线上分立的物流体系导致规划难度增加,成本大幅上升;线上线下替代:某种程度上,线下实体购物与线上购物存在相互挤出的作用,如果线上销售增加必然导致线下实体销售的减少,进行全生产供应链、物流供应链的数字化建设就不能达到预期目标;运营管理复杂化:随着新零售出现的新业务在部门运营管理时出现归属不明,导致管理混乱;仓储管理复杂化:电商仓、前置仓等新模式应运而生,备货及管理复杂性显著提升;运输规划复杂化:高频小规模订单及仓储前置大幅增加了运输规划的复杂程度;最后一公里配送成本高:受天气、交通、人口分布密度等条件限制,最后一公里配送成本剧增,致使绝大多数企业无法盈利。

目前中国物流的数字化建设集中在阿里、京东、亚马逊等新零售巨头,多数企业只是刚达到初步机械化水平,将大数据、人工智能等新技术运用在物流供应链中的水平不足。

专栏　阿里菜鸟物流系统

阿里依靠强大的资本和技术,整合各大物流公司、消费者和商家的数据,基于云计算技术的物流信息服务平台,实现物流、信息流和资金流的一体化数字运作,大大提升物流库存效率、商品处理效率及送达的准确率。

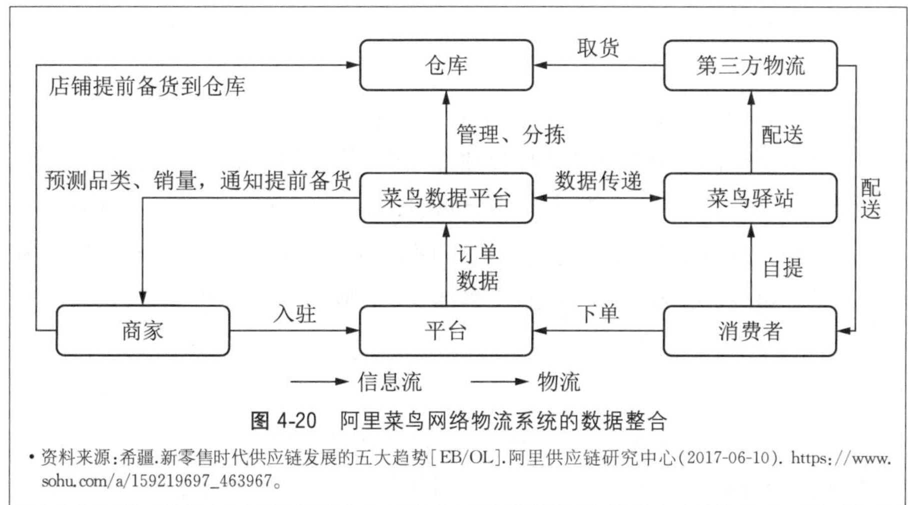

图 4-20 阿里菜鸟网络物流系统的数据整合

• 资料来源:希疆.新零售时代供应链发展的五大趋势[EB/OL].阿里供应链研究中心(2017-06-10). https://www.sohu.com/a/159219697_463967。

(二) 即时配送时效和"最后一公里"的发展瓶颈

新零售业态是面对不同的消费需求在不同覆盖半径范围内布局,比如盒马鲜生主张"让做饭变成一种娱乐",覆盖 3 千米半径,无论通过线上还是线下购买,半小时之内送达,即时配送满足消费者的即时性消费需求。叮咚买菜提出了新鲜蔬菜、活鱼活虾、肉禽蛋类等,下单后最快 29 分钟送达。美团买菜主打"层层严选的品质商品、高竞争力的价格、准时快捷的配送体验",在社区设立集仓储、分拣、配送于一体的便民服务站,为社区居民送菜到家。可见,新零售新物流尤为关注产品即时配送和时效性,以满足现在越来越快的生活节奏,节约和降低了消费者购物时间和商品在运输途中变质的风险,也对新物流提出更高的技术要求。

然而,目前多数新零售企业的即时配送运作模式尚不成熟,物流体系建设与少批量、多批次的要求存在差距,对资本依赖性大,依靠"烧钱"补贴吸引用户,很难从众多竞争者中脱颖而出并长期维持。不少企业的时效管理也仅仅停留在客服人员被动响应客户方关于单个订单时效信息的询问上,远未达到企业级物流对时效的分析和管理要求,无法从企业整体角度考察时效性。在新零售模式中,由于线上、线下同时面向消费者,物流需求更加分散,订单批次增多,有到店取货,有直接线上配送,也有到店体验后线上配送,需要将不同渠道订单与物流统一调配,对物流的快速反应能力及物流时限提出挑战。

多数新零售企业的门店分散，即时配送人员分散，管理难度大。在追求以消费者为导向的新零售模式下，新零售企业门店会分散地分布在居民社区，便于产品即时到达消费者手中。但是分散的门店导致即时配送人员分散，企业不便于监督和统一管理，管理难度大，从而影响新物流的即时效应。多数新零售企业尚未形成规模效应，价格体系、服务标准等方面不具有规范性和一致性，给企业带来了巨大的经济压力。同时经营方式尚处于摸索和测试阶段，尚未制定统一、规范的价格体系、服务标准和管理办法，这增加了新零售企业运营的难度。

同时，物流数字化建设存在"最后一公里"的发展瓶颈，中国的城乡物流还存在快递无法到村的情况，全国55.6万个建制村仍有60%的快递只能放在乡镇。消费者往往需要多出1—2天时间才能拿到快递，这就大大降低了新物流的即时效应，没有发挥新物流的优势。当前中国物流业求职门槛低，平台对配送人员采用众包而不是全职雇用的模式，约束力较弱；而直接面对消费者带来的物流体验对整个消费过程具有很大影响，企业需要提高物流的服务属性。国内比较有名的配送平台如饿了么、美团，平台求职门槛低，配送人员学历上至硕士下至初中，人员素质参差不齐，不便于统一管理，而且对配送人员的众包模式，使物流企业对配送人员的约束力较弱。同时新物流要求的即时性导致部分配送员只注重时限，而忽略安全和消费者服务质量，给消费者带来不好的消费体验。

（三）末端物流双向服务的低水平问题

新零售企业为了能够吸引更多顾客，必须维持较高质量的消费体验，因此，作为购物最后的关键节点，物流配送对客户的双向服务水平对消费者的购物体验至关重要。然而出于对消费者信息的保护，企业只能获取部分消费者信息，从而不能全面、准确地对消费者行为、消费习惯、消费类型等进行分析，也不能准确预测市场需求发展趋势。企业不能定制化生产产品会降低消费者的服务体验。在物流过程中，存在派单员延迟派送，产品不能及时到达消费者手中的情况，降低了消费者的预期效用。部分顾客存在延迟取货问题，导致物流信息一直处于跟踪状态，浪费人力，延迟取货会导致某些产品出现变质，引发消费纠纷，降低消费效用。综上，生产商、物流企业和消费者三者都出现相应的问题，导致低水平的双向服务。

专栏 新零售的失败案例:永辉超级物种

2021 年 5 月 21 日,永辉超市董事长张轩松在年度股东大会上回应投资者公司发展问题时表示,永辉将回归到民生超市的原点,超级物种已经不是集团核心业务。从 2017 年在福州开出首家门店到 2021 年,四年多的时间里,超级物种经历了一炮而红、快速扩张、业绩下滑、收缩关店等一系列过程。在消费者的新鲜感过去之后,这个曾经被寄予厚望的新零售标杆业态便开始走下坡路,再也没能回到最初的辉煌。

超级物种的诞生是在 2016 年 10 月阿里巴巴总裁马云第一次提出"新零售"概念以后,其筹备工作于 2016 年 10 月底启动,定下了 2017 年元旦开业的目标,定位于"零售+餐饮"。2017 年 1 月 1 日,第一家超级物种门店——福州市中心的温泉店开业,并开设了鲑鱼工坊、波龙工坊、盒牛工坊、麦子工坊、咏悦汇、生活厨房、健康生活有机馆、静候花开花艺馆等八大就餐体验类目,可以让消费者当场在店内加工用餐。凭借高档的门店环境加上新鲜的购物、就餐体验,首日营收数字接近 20 万元,超级物种一炮而红。随后,超级物种获得了今日资本 4.6 亿元的战略资本,腾讯协议转让受让 5%的公司股份,在资本助推下疯狂扩张,并在 2017 年快速扩张了 27 家,2018 年开了 46 家,2019 年开了 15 家。然而发展到 2021 年,因经营亏损大量关店,目前只留下了北京和福州各一家门店,其他门店均已关闭。

客观来说,超级物种的迅速成功与当前的发展困局,引起了业界的很多反思,主要包括:

第一,管理融合不恰的问题。由于超级物种匆忙上马并实现了首家门店的试水成功,在仍然依赖永辉超市原有供应链的情况下,受到了多头管理的分歧内耗。首先,在经营理念上,永辉创始人张轩松和张轩宁存在分歧,张轩宁偏重"餐饮",张轩松偏重"到家",影响公司更好地整合资源。比如 2019 年永辉推出的"永辉买菜"App 和"永辉生活"App 十分雷同,但两个渠道是两套人马,包括宣传、促销等存在一定内耗。其次,在产品管理上,永辉原有产品供应链部门会要求超级物种上一堆新货,但对这种新货是否适合在超级物种出售却缺乏考量。此外,在运营程序上,仍然实行永辉超市原有的一系列标准操作程序,不符合超级物种新业态的新实际。

第二,线上线下渠道融合的问题。超级物种在起步时并未想好要做线上加线下的模式,这导致很多门店并没有为服务线上订单做专门的空间预留和设计,因此一旦订单量稍大一些,就无法堆放等待配送的包裹,大大影响了线上订单的运营效率,也影响了线下实体店的消费体验。

第三,运营成本和成效不匹配问题。超级物种定位是“零售+餐饮”,存在零售和餐饮的商业逻辑错配问题,零售需要尽可能多地提供产品,薄利多销,而餐饮需要空间体验。超级物种的门店选址集中在写字楼密集区、高端住宅区及购物中心,租金成本普遍较高,相当于是付着餐饮的租金进行零售。

第四,产品供应多样性的问题。超级物种的门点选择普遍较小,大多在500平方米左右,一半分给餐饮,留给零售的只剩下250平方米,能够存放的商品数量有限,因此货架提供的单品与盒马鲜生的大店模式相比较少,无法满足消费者对产品的多样化需求。

第五,数字化建设不够完善的问题。超级物种的线上订购需要线下员工人工查货、拣货、配货,效率低下又提高了人工成本。并且通常线上订单的高峰期也是店内就餐的高峰期,员工无法满足线上订单需求的同时照顾线下客户,从而影响消费者体验,导致口碑、品质都下滑,进而影响销售。据知情人士透露,在华东某城市的超级物种门店,超级物种线上销售除了在大促冲单期间到达过10%以上,大多数时间比例仅有4%—5%。

以上五点反思,涉及企业的战略管理层面、实际运营能力层面以及消费者的体验等方面,说明新零售是一项系统工程,是一种动态的消费升级,要实现的是如何以更低的成本、更高的效率来满足消费者多元化、一流化的服务、体验要求,需要多方面地升级转型,仅仅依靠资本扩张可能只是昙花一现。

本章小结

本章阐述了新零售背景下,中国传统零售和电商向全体验、全品类、全渠道、全时段模式转型的新要求与新问题。新消费环境下,传统零售和电商转型的需求与日俱增,尽管新零售形态层出不穷,其核心诉求可以总结为满足消费者不断变化的需求与不断提升的供应链效率。因此,依托于移动支付、数字化管理等新技术的发展,传统零售和电商的运营体系需要向满足“以消费者为核心、中心化的全渠道运营、深度参与产品全生命周期以及物流供应链数字化”的新要求转型。与此同时,新零售商业模式在促使传统零售和电商企业转型运营过程中也面临很多新问题:一是向用户思维运营转型困难。线下零售数字化用户成本居高不下;线上零售同质化竞争严重,客户体验升级困难;新技术快速更迭,模式复制扩张困难。二是数字化转型融合困难。消费场景单一、管理过程分散低效,实现全渠道的一体化融合受运营能力和新技术门槛限制。三是提升与全生命周期相匹配的综合运营能力困难。生产运营的投入与产出不平衡;全供应链和消费者的协同触达不够。四是物流的数字化建设困难。存在物流基础设施建设的技术、数据协同等自然门槛限制,“最后一公里”的发展瓶颈,以及末端物流双向服务的低水平问题解决困难等。

第五章
中国新零售的未来发展趋势

未来，中国新零售行业面对着更为不确定的内外部环境，也面临供应链重整、数字化发展、行业创新迭代等因素共同叠加的新发展机遇。新零售的发展，需要综合考虑政策、经济、技术、社会层面出现的重大变量，根据行业发展的难点和需求，在发展策略、运营模式、技术创新方面进行多层次的推进与部署。

第一节　新零售行业“战略侧”发展方向与策略

新零售行业是中国双循环新发展格局塑造过程中的重要增长点，该行业的发展与结构优化，对于中国进一步释放内需潜力，推动自主产业链、供应链的构建有重要的牵引与推动作用。因此，探讨未来一个阶段内新零售行业的发展趋势，需要将该行业的成长置于中国经济总体战略以及产业战略层面的“战略侧”视角进行分析，进而明确其发展意义与发展机遇。

一、对双循环新发展格局的战略响应

新零售行业的未来发展，需要从响应中国双循环新发展格局构建与国内需求升级角度出发，形成具有经济协同作用的新零售发展战略。新零售领域的快速发展，是对中国国内市场发展与国内需求升级的重要响应。新零售的进一步健康稳定发展，应注重内外循环的互动特点，从新发展格局的战略需求入手，全面建构新零售发展的总体战略，并明确未来新零售领域在国家经济体系中的战略地位和发展方向。

第一，推动新零售成为扩大内需战略与深化供给侧结构性改革等重要政策的重要抓手与引导力量。新零售行业的规模扩展与结构优化，有助于进一步满足国内消费者的需求，并为生产端、供给侧的结构优化提供重要牵引。因此，应系统谋划提升新零售在扩大内需方面的引导作用，使之成为促进中国强大国内市场水平的重要力量，并为供给侧改革带来发展的新动能。

第二,提升新零售作为联通中国主要经济板块,促进下一阶段中国地区间经济平衡发展的重要平台作用。新零售基于数字技术,因此具备克服物理空间阻隔的经济链接作用。新零售的发展应注重利用这一特性,强化对中国各经济区域市场的连接,特别注重在中、西部新兴区域与欠发达地区的渗透与布局,以推动各区域之间的经济互动。推动新零售行业在中国各经济板块的创新稳定发展,有助于促进中国中、东、西部不同经济区域的商品、资源、信息、人员流动,进而促进各地区的经济平衡发展。

第三,优化扩展新零售的平台作用,使之成为打通社交、娱乐、游戏、表演、体育等多行业的枢纽行业。新零售具有跨行业互动的重要潜力,其产品多样性与技术的应用拓展能力有助于在多个相关行业形成“跨界”联动模式。新零售的发展战略,应超越其行业本身的发展视角,将与零售链条相关的行业发展趋势进行综合考量,前置谋划新零售与相关的信息、娱乐、游戏、新媒体等行业的整合互动策略,打造多行业创新融合发展的新业态。多行业的互动,有助于强化新零售在多行业网络创新中的重要平台功能,丰富完善新零售生态体系。

二、对产业链供应链升级的牵引

零售行业是连接生产与消费的重要业态,与中国产业链、供应链的发展具有重要联系。谋划中国新零售行业新一轮高质量发展,需要高度重视新零售发展对产业链、供应链现代化的重要牵引作用。应注重发挥新零售对于消费者需求的精准把握,以及对互联网、大数据等新技术的引导作用,促进该行业对于物流、信息、商贸等线下基础设施建设的带动作用,进而对产业链、供应链上下游形成基于社会消费的牵引与带动。

第一,明确新零售发展在产业链、供应链发展中的地位。在“强链”“固链”成为中国经济重要关注方向的新阶段,应从产业链、供应链现代化的视角,思考新零售的作用与地位设定,并将新零售的发展与产业链、供应链现代化战略进行综合谋划。应重视新零售在促进消费者需求与供应端的信息整合、精准协同方面的优势,使之成为提升生产端效率、促进供需匹配的重要发起者与组织者。

第二,以新零售发展促进供应链的结构优化。新零售行业在供应链中的核心地位,使之能够发挥供应链多主体的协调作用,进而能够对供应链的结构优化形成推动作用。充分利用新零售发展的需求,解决线性供应链链条长、易出现断点的效率问题,形成突破传统供应链上下游壁垒的前后向同步互动的短链、网状链等供应链的新型优化模式,提升供应链的整体运行效率。

三、对产业链上下游发展的带动

新零售行业的特点,在于通过数据采集与数字共享,将消费者与生产者高效连接。新零售企业对于数据的利用以及营销模式的变化,能够带动新的消费需求,并迅速将消费者的多样化需求引导至生产环节。对这一特点,应充分加以重视,重点谋划以新零售行业发展为核心,促进形成相关全产业链打通的带动战略。

一是新零售平台功能的升级与迭代。新零售行业发展的重要优势,在于以智能化、数字化为核心的平台功能。新零售行业自身的创新发展,为线上、线下的相关经济主体提供了资源与信息协同的重要平台,并带动线上线下资源的互相引流以及相关业态的纵向与横向联系与拓展。中国新零售的未来发展,需要高度关注该行业运用不断迭代的多要素聚合配置作用在产业链上下游之间形成的重要影响力与引导、介入能力,实现以行业平台功能带动产业链与供应链整体升级的战略作用。

二是形成高水平生态体系建构策略。政府需通过多种政策的激励与协调,引导新零售企业在建构数据型平台的过程中,通过供应链、支付体系、物流、大数据体系水平的提升,促进形成链接生产与消费的高水平生态体系。应注重通过产品服务链供应链的完善,整合产品生产、销售、物流等多类型主体的参与形式及互动模式,并逐渐形成更高水平的开放式产业生态系统。通过政策引导、技术支持、业态创新等多种手段,促进新零售生态体系内资金、信息、技术、服务等要素资源的配置能力,提升生态系统的影响力与核心功能水平。

三是促进更高水平供应链体系的形成。基于新零售行业的强扩展性与融合性特征,应关注新零售促进消费网络与产业网络拓展的重要作用。在推进新零售行业自身健康发展的基础上,重视谋划新零售对供给端的改造与提升作用,通过系统规划,促进新零售企业与制造、物流等上下游供应主体的合作与品牌构建,进而形成更高质量,更具稳定性与多层次需求满足能力的供应链体系。新零售行业的迭代发展,应在提升自身服务能力的同时,使供应链的整体性与效率提升到更高水平,并形成需求端与供应链相互促进的良性互动格局。

第二节　新零售行业“经营侧”发展方向与策略

经历了多年发展后,新零售行业的发展将逐渐进入成熟期。面对新的国内外经济发展需求,新零售行业需要重视内部发展模式的优化,在“经营侧”整体考虑企业经营以及政府、企业、消费者互动模式的优化,以解决近五年来快速发展阶段的粗放经营模式带来的问题,形成更有利的营商环境、更成熟的经营体系、更优质的服务能力。

一、有序竞争:推进经营模式与产品创新迭代

在新零售行业发展逐渐进入新阶段的趋势下,如何促进企业间的差异化发展,形成行业内部的有序竞争格局,就成为重要的问题。新零售的发展,需要以“竞合”理念为原则,重视推进新零售企业经营模式与产品的创新迭代,创造更大“蓝海”,实现企业间的差异化发展,进而推动行业发展规模与质量的提升。

第一,重视运营模式的差异化。一方面,当前新零售企业间运营模式的“同质化”竞争趋势已逐渐显现,这一态势的出现将对行业的健康发展带来消极影响;另一方面,新零售的发展也面临市场逐渐饱和,企业面临存量市场竞争的情况。这就要求企业应当注重形成差异化运营模式,通过进行运营管理模式的不断创新,制定差异化的竞争策略保持行业活力。应促进企业以管理、运行、零售模式等多领域的持续创新,促进企业的迭代发展,进而形成更有活力、具有增量市场特征的、基于“竞合理念”的新零售行业发展生态。①

第二,重视产品提供的差异化。新零售行业的发展的核心,在于快速、精准提供满足消费者多样化需求的产品。因此,新零售企业需要在经营中,重视产品与服务的差异化。应重视需求端反馈对上游产品创新的推动作用,通过价格反馈以及产品回溯体系等品质控制机制,提供质量以及综合设计有独特优势的产品。同时,应强化多类型产品与各类型客户群体的精准匹配问题,进而有效降低线上经营过程中无序价格战的不利影响。

---

① 王宝义,邱兆林.新零售迭代创新的理论分析与原型观照[J].当代经济管理,2020, 42(08):16.

第三,重视服务能力的差异化。新零售企业的可持续发展,应重视应用新技术与新管理理念,在服务模式与服务功能方面持续创新。相关企业应依托数字经济与消费升级等重要趋势,主动拓展与创新零售服务类型,特别应充分利用互联网技术快速迭代发展的机遇,提高服务在可视化和智能化等方面的功能注入,形成服务模式与消费群体精准匹配、紧密协同,且具有优势特点及引领性的服务体系与服务能力。

第四,重视盈利模式的差异化。盈利模式的差异化是避免行业内同质化竞争的重要前提。新零售企业线上线下融合以及生产端与消费端打通的特点,使企业具有更为多样的盈利模式选择。新零售企业应进一步注重品牌运营能力、销售能力及成本控制能力的提升,并构建多元的盈利渠道。在商品差价盈利模式之外,相关企业可进一步拓展广告、数据变现等新盈利模式,并与新金融主体构建合作关系,建构适应新竞争格局的多元盈利模式。

二、优化环境:优化新零售营商环境

从新零售行业的发展态势看,初创期各类型企业的“跑马圈地”时期将逐渐结束,新零售企业将进入更为成熟发展的快速过渡期。在这一背景下,政府在新零售市场的规则设定、引导与调控作用将进一步凸显。政府需要根据新零售行业健康发展的要求,更为深入地扮演对该行业的“扶持者”“引导者”角色。

第一,营商环境优化。营商环境是新零售发展重要的外部变量,也是影响相关企业发展的重要“软约束”。政府需要根据新零售企业与行业的发展,形成有利于相关主体良性发展的营商环境。相关主管部门需要根据新零售的行业特点,通过“放管服”改革,聚焦新零售企业的营商环境痛点、堵点,注重形成透明、公平、可持续的法制化营商环境,从企业成长、产业价值、空间供给、政策扶持等多领域形成“软硬结合”的新零售环境体系。

第二,科学规范监管。新零售行业经历了一个阶段的规模扩张与持续快速增长后,市场累计的风险以及企业间创新探索的激烈博弈均需要规范性的监管约束,以保证市场与新零售主体的稳定有序发展。而新零售行业线下与线上相结合、供应链全链条联动的特点,又使政府的监管需要同步兼顾多领域的不同经营特点,应用具有弹性与兼容性的监管理念。在监管政策层面需要针对新零售的互联网经济发展特点,设计对于新零售多样化经营行为、经营模式、经营风险的科学、合理、有效的规范方法与制度。同时,在监管的强度上,既要对数据安全等领域实现重点规范,又要保持对中小企业、新业态企业的创新经营行为的弹性冗余,使监管保持与行业发展方向的适应性。

第三,促进良性竞争。在市场规模逐渐稳定的情况下,新零售行业内部企业的竞争规范性就成为需要重视的问题。由于平台型企业具有网络优势与规模经济属性,少数头部企业获取新零售主要市场份额且在多分支领域的强渗透能力,可能导致行业内的"马太效应"加剧,进而产生垄断问题。因此,政府主管机构需要在制度上对新零售行业的竞争与兼并进行规范和前置引导,提前布局行业内"反垄断"问题的制度设计与规范体系,进而从制度层面促进行业内的良性竞争。

三、提升服务:促进新零售服务升级

新零售的发展,使线上线下的零售边界在未来有进一步融合的趋势,消费者的线上线下消费行为将更趋一致,难以区分线上型或线下型消费。新零售的服务升级,需要同步强化线上线下的消费服务协同,推动线上线下服务体系的融合发展。企业线上业务的拓展,作为线下环节的网络投射,需要与实体领域的发展形成有机互动,重视引导与协同作用的发挥。新零售的服务,应当有针对性地促进线上线下的协调融合发展,防止领域间摩擦乃至对抗问题。

第一,服务体系重塑。新零售行业的服务体系是涵盖生产、物流、销售、信息等多类型主体的服务综合体。服务体系中的各环节均影响最终服务效能的达成。因此,需要建立零售企业网络与商品生产供应网络、流通供应网络以及信息系统网络彼此联动、高效融合的综合服务平台,优化供应链反应速度、提升综合服务质量,同时,在基础服务之上提供金融、资本、营销、品牌等多类型增值服务,增加服务选择。在综合服务平台建构的基础上,新零售企业将得以通过多服务主体间的服务优化与组合创新,推动兼顾消费者体验、供应链效率、渠道选择与消费场景创新的服务综合体系的重塑。

第二,服务模式创新。新零售行业的服务模式需要根据线上线下技术进步以及需求水平的提升,进行进一步的优化与创新。在市场规模与市场需求趋于稳定与均质化的情况下,通过服务模式的更新与升级,创造新的市场增量。需要推动线下实体节点进一步运用线上平台的融合与导流,通过大数据、人工智能、物联网等技术的连接,与线上主体形成有效的互动,提高线上线下一体化协同能力,优化消费者用户体验,实现精准营销。在满足消费者整体需求的基础上,进一步针对消费者的年龄、收入、喜好等特点,细化目标对象选择,进行个性化服务产品创新与供给。

第三,服务机制优化。新零售企业的发展,需要在重视数字化转型,促进销售、交易、售后数字技术应用的同时,降低数字服务对线下服务的"挤出"效应。这就需要对行业内线上线下企业的服务机制进行整体优化设计,建立更有"包容性"与"竞合"特点的多类型企业服务体系。企业与政府部门、社会组织需要加强沟通与合作,在充分平衡经济效益与社会效益的基础上,系统设计线上与线下联动、商业服务与社会效应兼具的良性互动服务机制,防止线上业务吞并、排挤线下机构的"零和博弈"状况的大量出现。

第三节　新零售行业"技术侧"发展方向与策略

新零售行业下一阶段的迭代发展,将更多地依托于对新技术的开发与应用。同时,新零售行业的发展,也对通信、物流、人工智能、信息安全等多领域提出了新的要求。实现行业发展与技术创新的有机互动,是新零售行业实现可持续发展的重要基础。

一、市场与技术的有机互动

新零售的未来发展,依托信息、通信、软件、物流等一系列技术的迭代跃升,以及新技术之间的融合互动。同时,新零售的发展,也对技术的发展形成一定的带动作用。应重视新零售对于技术进步的带动作用,对于新技术的应用进行前置谋划。促进新零售产业发展与"新基建"领域重点发展的区块链技术、人工智能、5G、卫星互联网等技术形成互动发展态势。新零售企业应在跟踪新技术变革的基础上,主动谋划实现对技术的市场带动。这种技术互动的主要方向包括以下几个方面:

一是通信技术。通信技术是新零售行业发展的重要基础。一方面,移动互联网等通信领域的技术变革,成为新零售业务开展的主要技术依托。另一方面,新零售的进一步发展,需要具有适应性的通信技术加以支撑,这种需求对于通信技术的创新也产生启发和带动。新零售企业应注重对于以5G为代表的新一代通信技术的牵引与互动,为5G时代的信息技术应用充分赋能。针对当前5G发展更注重技术标准更新而缺乏实际应用的状况,新零售行业应注重开发以5G技术为依托的消费场景应用及服务模式，进而形成对实践层面的通信技术新需求，同时与通信技术研发主体合作，共同合作谋划应用层面的信息技术革新。

二是虚拟现实与增强现实技术。虚拟现实(VR)与增强现实(AR)技术，是新零售行业提高消费体验的重要技术依托。消费者通过VR、AR技术，能够对产品实现有效交互，提高其对商品的选择效率。新零售行业的发展，将对VR、AR技术的发展产生新的需求。相关企业可主动与VR、AR企业建立产业联盟，以需求信息与数据为基础，从商品展示、体验等关键环节布局对VR技术的突破性应用，进而明确VR、AR技术在零售领域的主要应用发展方向。在技术规范上，新零售企业主体应与技术提供方合作，形成建模规范，并研发VR、AR的主要应用，在应用基础上建立VR/AR统一开放平台与内容分发平台。

三是人工智能技术。人工智能技术是新零售行业中处理海量需求与运营数据的重要技术，有助于新零售运营中的营销预测并辅助决策。人工智能技术的应用，促进了智能货仓、无人快递车、精准营销等技术在新零售行业的应用。而另一方面，新零售行业快速发展带来的巨大数据存量与增量，为人工智能技术的发展提供了重要的数据资源供给，成为人工智能迭代的源泉之一。新零售行业的未来发展，需要高度重视新零售产生的海量数据对人工智能技术的供给作用，以数据及需求为核心实现对人工智能技术的牵引。新零售企业在加速人工智能赋能的同时，需要重视智能客服、无人商店、无人配送等领域对人工智能技术应用的需求与带动，从需求端与有效数据供给等角度出发提高人工智能的应用深度与创新发展。

四是现代物流技术。新零售的发展，在线下层面依托于物流体系的服务支撑。同时，新零售也带动了现代物流业的高速发展。新零售的平台作用，降低了企业的物流成本，促进物流配送的精准性与物流供应链的完善。新零售的未来发展，对物流供应链中仓储、运输、调度、线路等内部环节的优化提出了更高的要求，同时对新型物流技术也产生带动作用。新零售企业的发展，需要重视在“供应链前端”计划及“末端物流配送环节”的协同能力提升，①强化对分布式、网络化物流体系建设的需求引导，参与推动新零售物流细分领域创新企业的技术迭代能力培育。

---

① 潘柳利，张秀芳.双循环背景下新零售与现代物流业发展现状及建议分析[J].上海企业，2021(08):68.

二、数据融合联通

新零售行业的特点在于其运行中的“数据密集型”特点，企业经营活动的运行对于数据的采集、利用，以及数据流动的效率有极高的要求。未来中国新零售企业的发展，需要借助新一轮数字化转型与数据应用模式的升级，推动企业内的各部门间借助数据的应用形成新的联动机制，同时进一步提升数据的应用水平和价值挖掘。

第一，建构多部门共享的数据融合联动机制。当前在新零售行业的运营过程中，数据与信息的流量与存量快速扩张，但数据在各关联部门间的流动却往往遭遇数据口径不统一、标准各异、获得性差等“数据壁垒”问题。为进一步提升新零售行业的发展效率与质量，相关企业需要建构具有高流动性、多部门共享的，良好、完整的数据联动机制。企业内部乃至关联企业间应注重形成线上线下全覆盖、全渠道、同口径的数据链接体系，降低数据的失真情况，促进线上线下数据的统一与融合。进而在数据融合与共享的过程中，形成行业与企业内部多部门的协同机制，提高企业的运行效率。

第二，提高数据的应用效能与价值。数据是新零售行业发展的基础与重要资产。新零售行业的发展，需要重视数据作为资产的特性，通过大数据技术等分析技术的应用，提高数据的供给效率与价值潜力释放。在数据的供给端，企业应在保障数据安全的前提下，进一步注重提高数据采集与分类的技术水平，增进数据获取的效率。在数据的应用端，企业应强化针对所采集与产生数据的系统预设处理与应用能力，注重培育专业化的数据挖掘(Data Mining)部门，以更具专业化的大数据分析能力为新零售企业的发展实现数据资产的潜在价值，在个性化服务、动态定价、客户服务、行为监管、供应链优化、经营预测等关键领域形成重要的数据支撑与功能发挥作用。

三、物流升级支撑

物流技术的发展是新零售业务，特别是线下业务与供应体系得以快速发展的重要基础。同时，新零售行业的经营模式与运营体系创新也带动新一轮的物流系统升级，并对场内、场外物流系统的发展提出新的需求。面对新的发展需求，新零售企业及关联企业应当重视新型物流技术设备的研发与应用，提升物流领域的科技应用，建设符合新发展阶段要求的新零售物流体系。

第一,物流体系的整体优化。新零售的进一步发展,需要物流体系的整体性支撑。适应新零售发展的新物流体系需要同步适应销售企业端、物流企业端、客户端的多样化物流需求,以数字供应链、网状供应链新技术的应用为核心,谋划新零售物流体系的整体迭代,以新零售促进"新物流"。通过物流体系的结构优化与技术赋能,满足智能零售更为个性化、实时化、便利化的物流需求。

第二,促进物流装备现代化。物流装备的高技术注入与现代化,是新零售物流供应链效能提升的物质基础。新零售行业应强化与仓储等物流供应链领域的智能硬件设备行业的合作,对适应新零售需求的物流装备技术进行合作研发与前置应用。应注重吸引更多的物流装备参与主体,以风险投资等形式,提高新科技创业者进入智能物流领域的兴趣,推动无人机、步行机器人、AGV 等新装备的研发与应用。

第三,推进物流数字化转型。重视数据与信息技术在新零售物流体系发展中的驱动作用,推动物流业向智能化、数字化方向发展。利用新零售数据资源获取与处理的优势,提升关联物流领域的数据应用水平与技术处理能力。提升 IT 技术与大数据在场外物流系统中的应用,建设具有智能管控与大数据处理能力的物流管理平台,以提高物流自动化技术的应用效率,提升新零售供应链协同效率,降低仓储、管理与运输的综合成本。

第四,强化物流的空间通达性。物流体系的空间通达性与通达效率,决定了新零售行业的服务深度以及其在促进国内区域经济发展中的作用。物流体系在区域上向西部、北部的延伸,在城乡领域向乡镇基层的延伸,在微观层面解决"最后一公里"的用户递送,是促进新零售服务效率与战略联通能力的重要基础。未来的物流端发展,需要积极谋划物流供应网络进一步下沉至乡村、边远地区,提升新零售服务的"基层化"与"郊县化"水平。同时,通过智能仓储、无人递送等技术的应用,实现更灵敏的物流配送反应,提高新零售物流的多层面空间可达性与服务效率。

四、信用安全保障

新零售行业需要重视与社会信用体系的连接性,一方面使新零售的发展建立在稳固的信用体系之下,更具有可靠性,另一方面,增加社会信用体系的信用评价来源,使新零售的数据成为社会信用建构的基础之一,使新零售与社会信用之间形成二者互动,互为促进的发展态势。保障信息与数据安全,则是新零售进一步稳定发展的基础,构建"安全新零售"体系,是新零售下一阶段健康发展的核心。

一是新信用技术体系。由于新零售行业的线上线下多主体融合互动特点,传统信用体系在新零售的适应性受到较大影响,因此需要建立适应新零售行业运营特点的新信息技术体系。从未来的发展趋势看,应促进以区块链、大数据技术赋能的新信用技术的发展及应用,形成供应链可追溯、信用可量化、数据可获取的新零售信用体系。在这一体系基础上,释放信用数据价值,为商家提供更精准的需求分析,为消费者提供高水平产品判定参考,进而提升新零售领域的整体信用管理水平。同时,应促进新零售企业、行业组织、信用机构以及政府相关部门的有机互动,建立以新信用技术为核心的新零售市场监管体系,进而构建企业的信用评价体系,保障新零售行业健康发展。

二是数据安全保障体系。新零售行业的数字化特性,使其运营与业务开展面临日渐增大的业务安全与数据安全挑战。新零售企业需要根据未来可能面临的信息泄露、恶意登录、自动化网络攻击、安全漏洞、恶意代码、数据窃取等现实威胁,推动电商平台、第三方支付平台、物流仓储、大型商超、运营服务等生态链的多环节企业安全合作,建立起涵盖安全感知、安全防御、及时响应、前置防控为核心的新零售安全防护体系。同时,需要推动制定针对新零售数据与信息安全的法律法规以及技术标准,提升新零售行业的整体数字安全水平。

本章小结

总体上看,未来,新零售行业将从前期"跑马圈地"的规模扩张与市场增量拓展的快速发展阶段,逐渐进入注重发展质量与行业规范的成熟发展新阶段。在这种阶段性的变化过程中,新零售行业需要在战略功能、经营模式、技术创新等重要领域持续推进,以实现行业的稳健发展,并在中国双循环发展格局的构建中发挥重要作用。在"战略侧"层面,新零售行业需要注重在战略定位方面形成对双循环新发展格局的战略响应,以自身平台作用的发挥,推动新零售成为扩大内需、深化供给侧改革以及联通中国经济板块的重要抓手,提升对产业链、供应链升级的牵引和带动作用。在"经营侧"层面,新零售行业需要注重其"全体验、全渠道、全品类、全时段"四类发展模式的建构，以差异化、有序性竞争提升行业经营模式的创新，促进服务升级。在“技术侧”层面，新零售行业应抓住互联网、大数据等领域科技发展的机遇，全力实现行业发展与通信、虚拟增强现实、人工智能、物流等关键技术的有机互动，并在数据融合、物流升级、数据信息安全等行业发展的关键领域提升技术应用能力与创新水平，促进行业的良性、安全、可持续发展。

参考文献

[1] Activate Consulting. Technology & Media Outlook 2020[R/OL]. (2019-10-23). https://activate.com/outlook/2020/.

[2] Ailawadi, K.L., Farris, P.W.. Managing Multi- and Omni-Channel Distribution: Metrics and Research Directions[J]. Journal of Retailing, 2017, 93(1).

[3] Andrew Lipsman. The Future of Retail 2020: 10 Trends that Will Shape the Year Ahead[R/OL]. (2019-12-19). https://www.emarketer.com/content/the-future-of-retail-2020.

[4] Babin, B. J. et al.. Introduction to the Special Section on Retailing Research: The Mind and Emotion of the 21st century shopper[J]. Journal of Business Research, 2006, 59(12).

[5] Chan, S.. China's Super Consumers, Wiley, 2014(9).

[6] Cowen and Company. Connections, Context & Community Drive Customer Lifetime Value[R/OL]. (2019-04-12). http://www.cowen.com/wp-ontent/uploads/2020/01/Cowen-Themes-2020.pdf.

[7] Davidson, W.R., et al.. The retail life cycle[J]. Harvard Business Review, 1976, 54.

[8] Ethan Cramer-Flood. China Ecommerce 2020: Despite Decline, China Will Become the World's Largest Retail Market This Year[R/OL]. (2021-12-28). https://www.emarketer.com/content/china-ecommerce-2020.

[9] Euromonitor International. Retailing in China[R]. Euromonitor International, 2020.

[10] Executive Office of the President. Ensuring Safe and Lawful E-Commerce for United States Consumers, Businesses, Government Supply Chains, and Intellectual Property Rights Holders[EB/OL]. (2020-05-02). https://www.federalregister.gov/documents/2020/02/05/2020-02439/ensuring-safe-and-lawful-e-commerce-for-united-states-consumers-businesses-government-supply-chains.

[11] Feiner, L., Palmer, A.. DC Attorney General Sues Amazon on Antitrust Grounds, Alleges It Illegally Raises Prices[R/OL]. (2021-05-26). https://www. cnbc. com/2021/05/25/dc-attorney-general-sues-amazon-on-antitrust-grounds-alleges-it-illegally-raises-prices.html.

[12] FTI CONSULTING. 2019 U.S. Online Retail Forecast[R]. FTI CONSULTING, 2019.

[13] Gauri, D.K., et al.. Evolution of retail formats: Past, present, and future[J]. Journal of Retailing, 2020, 97(1).

[14] Hollander S. C.. Notes on the Retail Accordion[J]. Journal of Retailing, 1966, 42.

[15] Hollander, S.C.. The Wheel of Retailing[J]. Journal of Marketing, 1960. 25(1):37-42.

[16] Leinwand, P., Cesare M.. Why Can't Kmart Be Successful While Target and Walmart Thrive? [EB/OL]. (2010-12-15). https://hbr.org/2010/12/why-cant-kmart-be-successful-w.

[17] Levy, M., et al.. The concept of the "Big Middle"[J]. Journal of Retailing, 2005, 81(2).

[18] McNair, M.P.. Significant Trends and Developments in the Postwar Period[M]. SMITH A. B.. Competitive Distribution in a High-level Economy and Its Implications for the University Pittsburgh: University of Pittsburgh Press, 1958:18.

[19] Neslin, S.A., et al.. Challenges and Opportunities in Multichannel Customer Management[J]. Journal of Service Research, 2006, 9(2).

[20] Nick Wingfield. Inside Amazon Go, a Store of the Future[EB/OL]. (2018-01-21). https:// www. nytimes. com/2018/01/21/technology/inside-amazon-go-a-store-of-the-future.html.

[21] Sethuraman, R., Parasuraman, A.. Succeeding in the Big Middle through Technology[J]. Journal of Retailing, 2005. 81(2):107-111.

[22] Terry Heick. The Full Version of Mark Zuckerberg's Manifesto on Building Global Community[EB/OL]. (2021-07-20). https://www.teachthought. com/education/full-version-mark-zuckerbergs-manifesto-building-global-community/.

[23]〔美〕阿尔文·托夫勒.未来的冲击[M].黄明坚,译.中信出版社,2018.

[24] 阿里供应链研究中心.新零售时代供应链发展的五大趋势[R/OL].(2017-07-22).https://www.sohu.com/a/159219697_463967.

[25] 阿里研究院.C时代新零售——阿里研究院新零售研究报告[R].2017:13-14.

[26] 阿里研究院.云服务重构新零售[R].2017:16-17.

[27] 艾媒新零售产业研究中心.2018年中国零售行业深度市场调查及投资决策报告[R/OL].(2018-12-21).https://report.iimedia.cn/repo1-0/34493.html.

[28] 艾媒新零售产业研究中心.中国新零售产业研究报告[R/OL].(2020-02-07).https://www.iimedia.cn/c400/68389.html.

[29] 艾媒咨询.2017年中国新零售白皮书[R/OL].(2017-11-24).https://www.iimedia.cn/c400/59818.html.

[30] 艾瑞咨询.中国零售新物种研究报告[R/OL].(2018-05-04).https://report.iresearch.cn/report/201805/3205.shtml.

[31] 陈丽芬.日本零售业制度演进对业态的影响及启示[J].中国流通经济,2014(10).

[32] 陈丽娟,刘蕾.消费4.0升级驱动下零售业模式创新及转型路径[J].企业经济,2021(4).

[33] 陈文轩.电子商务与中国零售变革[D].杭州:浙江大学经济学院,2018:46-66.

[34] 董葆茗,孟萍莉,周璐璐.社交电商背景下零售企业营销模式研究[J].商业经济研究,2020(6).

[35] 董永春.新零售:线上+线下+物流[M].北京:清华大学出版社,2018.

[36] 杜丹清.互联网助推消费升级的动力机制研究[J].经济学家,2017(3).

[37] 杜睿云,蒋侃.新零售:内涵、发展动因与关键问题[J].价格理论与实践,2017(2).

[38] 碓井诚.日本零售业启示录[EB/OL].(2020-08-20).https://www.iyiou.com/analysis/202008201007062.

[39] 范增民,路健,王立坤.社交网红电商风口下新零售的消费驱动因

素与模式创新[J].商业经济研究,2021(8).

[40] 国务院办公厅.关于推动实体零售创新转型的意见[A/OL].(2016-11-02). http://www.gov.cn/zhengce/content/2016-11/11/content_5131161.htm.

[41] 海外营销.如何借助社交媒体做营销,看看 Facebook 上最畅销的十种产品[M/OL].(2017-04-28). https://www.cifnews.com/article/25596.

[42] 韩耀."Big Middle":国外零售业演化理论新发展[J].世界经济与政治论坛,2008(1).

[43] 洪旭,李理.新零售背景下零售企业商业模式的创新路径研究[J].中国集体经济,2021(26).

[44] 胡晓鹏.流量经济的理论拓展及其实践启示[J].企业经济,2019(5).

[45] 胡晓鹏.马云现象的经济学分析——互联网经济的八个关键命题[M].上海:上海社会科学院出版社,2016.

[46] 贾康,程瑜,张鹏.中国大型零售业现状、趋势及行业发展战略设想[J].经济研究参考,2017(46).

[47] 荆林波.全球与我国零售业发展状况[J].商业经济研究,2020(7).

[48] 李飞.全渠道零售的含义、成因及对策——再论迎接中国多渠道零售革命风暴[J].北京工商大学学报:社会科学版,2013(2).

[49] 李晓华.数字经济新特征与数字经济新动能的形成机制[J].改革,2019(11).

[50] 李晓晖.日本零售业的发展与创新——以综合性超市为例,中国市场,2012(12).

[51] 联商网.美国开市客(Costco)的成功之道[EB/OL].(2007-01-22). http://www.linkshop.com.cn/(g535z5fooo3lga45b1wnk345)/web/Article_News.aspx?ArticleId=67348.

[52] 联商网.深度解析盒马鲜生的模式:上[EB/OL].(2018-12-05). http://www.linkshop.com.cn/web/archives/2018/414969.shtml.

[53] 联商网.深度解析盒马鲜生的模式:下[EB/OL].(2018-12-05). http://www.linkshop.com.cn/web/archives/2018/414969.shtml.

[54] 联商网.深度解析盒马鲜生的模式:中[EB/OL].(2018-12-05). http://www.linkshop.com.cn/web/archives/2018/414977.shtml.

[55] 梁莹莹.基于"新零售之轮"理论的中国"新零售"产生与发展研究

[J].当代经济管理,2017(9).

[56] 刘根荣,种璟.促进消费视角下城乡流通协调发展研究[J].经济学家,2012(9).

[57] 刘强东.第四次零售革命下的组织嬗变[EB/OL].(2018-01-23). https://m.gmw.cn/baijia/2018-01/23/27425231.html#verision=b92173f0.

[58] 刘婷,唐可鑫.区块链赋能新零售:研究热点与理论框架[J].消费经济,2021(12).

[59] 罗珉,李亮宇.互联网时代的商业模式创新:价值创造视角[J].中国工业经济,2015(1).

[60] 马玥.数字经济对消费市场的影响:机制、表现、问题及对策[J].宏观经济研究,2021(5).

[61] 孟可心.互联网时代下流通渠道组织如何影响市场分割[J].新经济,2019(4).

[62] 苗龙.复杂社交网络下的零售社群经济体构建[J].商经理论,2020(8).

[63] 倪华.全球零售企业自有品牌的“发展趋势、开发逻辑、应用策略”.方正证券研究所,2018:22-27.

[64] 潘柳利,张秀芳.双循环背景下新零售与现代物流业发展现状及建议分析[J].上海企业,2021(8).

[65] 邱碧珍,马中杰.新零售商业模式构建及创新路径研究——基于系统框架的思考[J].山东工商学院学报,2019(3).

[66] 任保平,魏婕.中国城乡商贸流通一体化的测度及其评价[J].统计与信息论坛,2011(9).

[67] 任建婷.“盒马鲜生”新零售模式下消费现状及前景研究[J].商业现代化,2021(14).

[68] 日本通.立足日本国情:打造罗森独有的“数字化便利店”[EB/OL].(2018-11-18). https://www.517japan.com/viewnews-101469.html.

[69] 日经中文网.日本要在所有便利店引入无人收银系统[EB/OL].(2017-04-19). http://www.cbfau.com/cbf—201547577.html.

[70] 商务部流通产业促进中心.走进零售新时代——深度解读新零售[J].中国连锁,2017(10).

[71] 宋光,王妍,宋少华.全渠道零售策略下的供应链整合与企业绩效关系研究[J].管理评论,2019(6).

[72] 搜狐网.德勤全球零售报告:电子商务带动新零售发展[R/OL].(2018-03-12). https://www.sohu.com/a/222577846_735286.

[73] 孙前进.日本现代流通政策体系的形成及演变[J].中国流通经济,2012(10).

[74] 钛媒体.山姆会员店 vs Costco:会员经济的楚汉之争[EB/OL].[2019-09-05]. https://www.tmtpost.com/4148063.html.

[75] 腾讯智慧零售—波士顿咨询公司.决胜移动社交:新时代的中国消费者互动模式[EB/OL].(2018-10-18). https://baijiahao.baidu.com/s?id=1614653442977698369&wfr=spider&for=p.

[76] 王宝义,邱兆林.新零售迭代创新的理论分析与原型观照[J].当代经济管理,2020(8).

[77] 王宝义.商业设施与物流设施相互融合研究——基于"新基建"和"新零售"双新视角[J].企业经济,2021(3).

[78] 王宝义.我国"新零售"实践回顾与展望——基于上半场"需求端"与下半场"供给端"转型期视角[J].中国流通经济,2019, 33(03):19-30.

[79] 王海波.我国零售业态演化的研究[D].北京:北京交通大学,2016.

[80] 王家宝,黄益俊.新零售的起因.特征、类型与发展趋势[J].商业经济研究,2018, 762(23):5-7.

[81] 王琪,陈志军,王苹香.区块链技术在新零售供应链中的应用[J].商业经济研究,2020(14).

[82] 王强,刘玉奇.新零售引领的数字化转型与全产业链升级研究——基于多案例的数字化实践[J].商业经济研究,2019(18).

[83] 王荣花.基于新零售模式的物流行业发展策略分析[J].现代营销,2021(1).

[84] 王艳.日本的便利店为何如此成功?[EB/OL].(2014-07-31). http://www.linkshop.com/news/2014296710.shtml.

[85] 王正沛,李国鑫.消费体验视角下新零售演化发展逻辑研究[J].管理学报,2019(3).

[86] 吴琼.永辉超级物种:新零售经典失败案例[EB/OL].(2021-05-26). https://baijiahao.baidu.com/s?id=1700812240486679430&wfr=spider&for=pc.

[87] 武帅.连续两年增长超35%,社交商务在美国将成蓝海市场?

[EB/OL].(2021-07). https://www.ennews.com/article-22389-1.html.

[88] 新华网.日本通过数字化改革相关法案[EB/OL].(2021-05-12). http://m.xinhuanet.com/2021-05/12/c_1127438696.htm.

[89] 鄢章华,刘蕾."新零售"的概念、研究框架与发展趋势[J].中国流通经济,2017(10).

[90] 杨春玲,师求恩.新零售环境下物流发展动因、模式及升级路径[J].商业经济研究,2021(15).

[91] 杨新铭.数字经济:传统经济深度转型的经济学逻辑[J].深圳大学学报(人文社会科学版),2017(4).

[92] 叶生晅.日本零售业启示录:传统有"欣喜",数字化很"隐忧"[EB/OL].(2018-12-12). https://36kr.com/coop/zaker/5166730.html?ktm_source=zaker.

[93] 亿邦动力研究院.2020 中国零售品牌数字化转型白皮书[R].亿邦动力研究院,2020.

[94] 殷晖、乔培臻、俞书琪.未来零售:解锁新零售的关键模式[M].杭州:浙江大学出版社,2021.

[95] 余敏.关于区块链技术在新零售供应链中的运用探讨[J].中国储运,2021(11).

[96] 〔美〕约瑟夫·派恩,〔美〕詹姆斯·H.吉尔摩.体验经济[M].毕崇毅,译.北京:机械工业出版社,2016.

[97] 张敬伟.以数字经济新模式重塑中国消费市场[N].中国消费者报,2020-09-15(4).

[98] 张文仙,王鹭.新零售技术、流通组织与零售业态创新[J].商业经济研究,2021(19).

[99] 赵树梅,徐晓红."新零售"的含义、模式及发展路径[J].中国流通经济,2017(5).

[100] 郑斌斌.日本 7-Eleven 便利店长期竞争优势构建机制[J].商业经济研究,2018(3).

[101] 至顶网.2018 中国数字化转型进程调研报告[R/OL].(2018-12-19). https://www.zhiding.cn/special/Digital_transformation_research_2018.

[102] 中国信通院.中国信息消费发展态势及展望报告[R]. 2020:6-7.

[103] 中西正雄.零售之轮真的在转吗?[J].商学论究,1996(43):第

2、3、4号.

[104] 中西正雄,吴小丁.零售之轮真的在转吗[J].商讯商业经济文荟,2006(1).

[105] 朱桦.创新与魅力:现代日本零售业发展概览[M].上海:上海科学技术文献出版社,2008:341-364.

[106] 朱桦.日本零售大店政策的沿革与内容[J].江苏商论,2008(3).

后 记

2018 年底,中共中央提出了“要推动由商品和要素流动型开放向规则等制度型开放转变”。2020 年,中共中央提出构建“双循环”新发展格局。“双循环”新发展格局的提出,从制度型开放的视角对中国建设更高水平开放型经济新体制提出了新要求。

上海社会科学院世界经济研究所成立于 1978 年,是全国世界经济领域最重要的研究机构之一。世界经济研究所以世界经济与国际关系两大学科为主轴,将世界经济研究与国际关系研究、世界经济研究与中国对外开放研究相结合,注重研究的综合性、整体性,提高研究成果的理论性、战略性与对策性。在学科建设的基础理论方面和对外开放的战略研究方面形成了一批被同行广泛认可的较有影响的成果。“双循环”新发展格局提出以后,上海社会科学院世界经济研究所专门组织各研究室研究人员,以各研究室为团队进行集体攻关,经过多次讨论,确定本套丛书每一本书的主题、书名与内容,并组织全所科研人员撰写。整套丛书定名为“制度型开放理论与实践研究”丛书,从中国吸收外资、对外投资、全球化视野下的新零售发展、区域合作、外循环促进内循环等五个方面对制度型开放以及“双循环”新发展格局的不同方面进行阐述。具体包括:《制度型开放与中国吸收外资的发展》《制度型开放与中国对外投资的发展》《全球化视野下中国新零售发展报告》《国际区域合作理论与实践前沿研究》《外循环促进内循环的理论与政策研究》。

《全球化视野下中国新零售发展报告》(简称《新零售发展报告》),是上海社会科学院世界经济研究所一贯坚持“通中达外、治学兴邦”的发展共识和“齐心敬业、求实创新”的价值理念,秉承立足中国实践、直面问题的科研态度,全力推动学科发展与智库建设的成果之一,由上海社会科学院世界经济研究所副所长胡晓鹏研究员组建团队,经过近两年的探索和研究完成。它将全球化发展经验与中国发展实践相结合,以推动中国新零售行业健康发展为目的,通过科学界定新零售本质,阐释其理论内涵与实践边界,在全面借鉴国外发达国家发展经验基础上,对中国新零售发展状况、特点等开展全景式探究,深度研判了疫情后中国新零售发展面临的新问题和新任务,提出了促进新零售发展的思路和建议,以期避免中国新零售行业陷入一场“互联网＋商业”的快餐陷阱。

《新零售发展报告》认为，2020 年以来，以直播带货、社区代购为代表的中国新零售行业快速崛起。毫无疑问，足不出户便可购得心想之物，的确为居家的人们提供了巨大便利。但与此同时，新零售行业规模的急剧扩张也产生诸多潜在风险，包括“无底线吸粉、恶俗营销、虚构商业场景”等关系行业生态建设的违法违规问题，也包括“过分注重短期利润、无视技术和物流体系配合、忽视与线下经济融合”等反映行业功能培育的短视化问题。

《新零售发展报告》从提纲拟定到任务分工、从分章重点到全文统一，均由胡晓鹏研究员领衔担纲。研究过程中，团队成员给予了积极配合，并为此付出了巨大努力。两年来面对不断变化的新形势，团队成员尽管还承担着其他研究任务，但从未停止对新零售最新发展动态的跟踪，每一次提纲修订乃至内容细节的变化，大家都积极回应，从未有过丝毫抱怨。正是因为大家共同的努力探索，才有了今天这份报告的面世。《新零售发展报告》具体章节撰写分工如下：引论，胡晓鹏；第一章，刘子源、胡晓鹏；第二章，高疆、邹家阳；第三章，杨文龙；第四章，严婷；第五章，苏宁。

值得说明的是，《新零售发展报告》是本所“数字经济系列研究”课题组共同研究出版的首本“数字经济系列研究”报告。课题组基本情况如下：

——组长

胡晓鹏，上海社会科学院世界经济研究所副所长，研究员、博导。

——成员

苏宁，上海社会科学院世界经济研究所 IPE 研究室副主任，副研究员；

高疆，上海社会科学院世界经济研究所助理研究员；

杨文龙，上海社会科学院世界经济研究所助理研究员；

严婷，上海社会科学院世界经济研究所助理研究员；

邹家阳，上海社会科学院世界经济研究所博士研究生；

刘子源，上海社会科学院世界经济研究所博士研究生。

值《新零售发展报告》付梓之际，谨向团队成员表达由衷谢意，正是因为有了你们的努力付出，才让我们共同拥有了这份重要成果。同时也对上海社会科学院出版社的编校人员表达诚挚谢意，正是在你们出色校对和富有建设性意见的启发下，才让《新零售发展报告》增色良多。当然，报告所提观点文责自负。

胡晓鹏

2022 年 12 月

图书在版编目(CIP)数据

全球化视野下中国新零售发展报告 / 数字经济系列研究课题组著 .— 上海 ：上海社会科学院出版社，2023
ISBN 978-7-5520-3910-8

Ⅰ. ①全… Ⅱ. ①数… Ⅲ. ①零售业—研究报告—中国 Ⅳ. ①F724.2

中国版本图书馆 CIP 数据核字(2022)第 130875 号

全球化视野下中国新零售发展报告

著　　者：数字经济系列研究课题组
责任编辑：王　勤
封面设计：朱忠诚
出版发行：上海社会科学院出版社
上海顺昌路 622 号　邮编 200025
电话总机 021-63315947　销售热线 021-53063735
http://www.sassp.cn　E-mail:sassp@sassp.cn
照　　排：南京理工出版信息技术有限公司
印　　刷：上海景条印刷有限公司
开　　本：710 毫米×1010 毫米　1/16
印　　张：11.25
字　　数：201 千
版　　次：2023 年 3 月第 1 版　2023 年 3 月第 1 次印刷

ISBN 978-7-5520-3910-8/F・705　　定价：68.00 元